1000の言葉

Thousand Quotations

方丈堂出版／オクターブ

序の言葉 ――

「善人　なおもて　往生をとぐ　いわんや　悪人をや」（歎異抄三条）

これは『歎異抄』の中でも特別に有名な言葉である。この書物は誠に不思議な本で、世に出て以来百年程で日本人に受け入れられたものとしては抜きんでている。その類書はこれまで恐らく3～400冊を越えて出版されていると言ってよい。

『歎異抄』の内容や解説はともかく、この本の作者とされる唯円はその序文に於いて「先師《せんし》の口伝《くでん》の真信《しんじん》に異《こと》なることを歎《なげ》き、耳《みみ》の底《そこ》に留《とど》まる所、聊《いささ》か之《これ》を注《しる》す」と書くのである。師、親鸞聖人の言葉が唯円の耳の底に三十年経っても尚深く残っており、口伝された真信が後の人々の解釈と異なるを歎き、これを書くというのである。

これは、人が言葉と出合うことの強烈さを表している。師の言葉が唯円の心の奥深くに、且つ生涯に渡り鮮明に残ったのである。

人は、多かれ少なかれ心の中に残る言葉を持っている。そしてまた、人は、言葉に出合う。

ある教師は受験を控える生徒に「あせらず、怠らず。」と文章にして一人一人に渡した。

実存主義の哲学者は、「判断は必ず誤る。直感は誤ることがない。」と述べる。世界的な社会学者は、「人生は何事かを成さずにはあまりに長い。しかし、何事かを成すにはあまりに短い。」と言う。

「生か死か。それが問題だ。」とハムレットは言う。

愛しい人を亡くした人は、「うれしければ悲しい。悲しければうれしい。」とつぶやく。

名にし負う偉人・賢人・高僧・英雄・成功者・大作家・人生の達人たちが名言・名句を遺している。受け手の人は、その時々の自らの心境に光を与えてくれる言葉に出合う。言葉はある時は心を支え、導きの糸となり光明となり、座右の銘となる。そんな言葉との出合いを求めて『1000の言葉』を綴ってみた。意図的に分類はせず羅列し取り上げている。いつでも、どこからでも、言葉は出合いを待っている。貴方との出合いを待っている。

編集子

◉まず　自分を正しく整えてから
他人に指摘しなさい
そして、他人に指摘したことは
自分も実行しなければ
なりません（釈尊）

◉人の寿命は短い
すぐれた人は
寿命を過大視してはならない
髪の毛が燃えてい る人のように
ただちに行動せよ
必ずや　死はやってくる
のである（サンユッタ・ニカーヤ）

◉御仏の　御名となえつつ
あらたまの　今年も清く
日々を送らむ（甲斐和里子）

◉元旦のこと　皆　非なる
はじめかな（高浜虚子）

◉生きることの　むつかしさ
生きることの　ありがたさ
生きることの　うつくしさ
まかせきって　生きることの
よろこびに　燃えよう（坂村真民）

◉古いものを喜んではならない
また新しいものに
魅惑されてはならない
滅びゆくものを
悲しんではならない
牽引する者（妄執）に
とらわれてはならない
（「スッタニパータ」第四章十五節九四四句）

◉みひかりの　うちに住む身の
嬉しさを　今年はたれに
先ずわかたまし（甲斐和里子）

◉生かさるる　いのち尊し
けさの春（中村久子）

◉素朴に　無邪気に
幼児のような眼を
みはらなければ、
世界はふくらまない（岡本太郎）

◉仏法を聞くことは
自己を　聞くことである（作者不明）

◉報恩に　休息なけれど　年の朝
（句仏上人）

◉こつこつ　こつこつ
書いてゆこう
こつこつ　こつこつ
歩いてゆこう
こつこつ　こつこつ
掘ってゆこう（坂村真民）

◉人は死の間際になってはじめて
本気で生きてこなかったことに
気づく（ヘンリー・デイヴィッド・ソロー）

◉元旦や　今日のいのちに
遇う不思議（木村無相）

◉比丘たちよ
過去の正覚者たちが辿った
一筋の真っ直ぐな古道とは何か
それこそが聖なる八つの道である
すなわち　正見　正思惟　正語
正業　正命　正精進　正念
正定　である（サンユッタ・ニカーヤ）

◉智慧を　求める者はいつも若い
（作者不明）

◉今を　大切に生きる
一日を　大切に生きる
一生を　大切に生きる（作者不明）

◉いかに必要であったとしても
いかに正当な理由が
あったとしても
戦争が犯罪だということを
忘れてはいけない
（アーネスト・ヘミングウェイ）

◉化学は　ものを見る目
宗教は　心を観る眼（作者不明）

◉人間に　生まれてよかった
私が私に生まれてよかったと
心の底から　叫ばれる時に
はじめて成人になる（米沢秀雄）

◉私が笑うと　鏡も笑う
怒った顔すりゃ　鏡も怒る
この世はすべて
私の心の鏡だ（作者不明）

◉やり直しのきかぬ人生であるが
見直すことができる（金子大栄）

◉楽しいから　笑うのではなく
笑うから　楽しいのだ
（ウィリアム・ジェームズ）

◉めでたさも　中くらいなり
おらが春（小林一茶）

◉心は　水のようなものです
嵐で乱れれば　底の泥が
浮き上がって水は濁ります
しかし　水の本質は
汚いものではないのです
（ダライ・ラマ十四世）

◉人間は　自分に都合のいい人を
良い人だといい
自分に都合の悪い人を
悪い人だという（作者不明）

◉自分のことしか考えない者は
世間から取り残される（作者不明）

◉強い愛は　分け隔てをせず
ただ与えるものです（マザー・テレサ）

◉自分自身を島とし　自分自身を
よりどころとして生きよ
それ以外のものを
よりどころにしてはならない
ブッダの教え（法）を島とし
ブッダの教えを
よりどころとして生きよ
それ以外のものを
よりどころにしてはならない
（ディーガ・ニカーヤ）

◉人は神ではない
誤りをするというところに
人間味がある（山本五十六）

◉よい人にあって　教えられ
悪い人にあって　反省すれば
善悪　共にありがたい（作者不明）

◉十人の子を養う　父あり
一人の父を　養わざる
十人の子あり（釈尊）

◉いっさいに対して　私は
初心でありたい（亀井勝一郎）

◉平凡なことを
毎日平凡な気持ちで
実行することが
すなわち　非凡なのです（ジイド）

◉やりなおしの　きかない
誰にも　かわってもらうことの
できない今日一日（作者不明）

◉真なるものは　必ず新しい
しかしながら
新しいもの　必ずしも
真にあらず（金子大栄）

◉悪い時が過ぎれば
よい時は必ず来る
おしなべて　事を成す人は
必ず時の来るのを待つ
あせらずあわてず　静かに
時の来るのを待つ（松下幸之助）

◉生かさるる　よろこび
にほふ　春の梅（中村久子）

◉夢を見ることができるのなら
あなたはそれを　叶えられる
（ウォルト・ディズニー）

◉見渡せば　往きかう車の数知らず
いづちへ人は
行かんとすらん（湯川秀樹）

◉この日　この時　この場所が
つまり　私の全部の人生だ（作者不明）

◉合掌の姿は尊く
念仏の声は美《うるわ》し（作者不明）

◉財あれば　おそれ多く
貧しければ　うらみ切なり（鴨長明）

◉歳旦の　目出度きものは
念仏かな（句仏上人）

◉無条件の救いとは
この私が　救われることである
（作者不明）

◉物があることは
幸福の条件であるが
幸福そのものではない（湯川秀樹）

◉我れ　必ずしも　聖に　非ず
彼れ　必ずしも　愚に　非ず
共に是れ　凡夫なり（聖徳太子）

◉念仏して　薄団の中に合掌す
（句仏上人）

◉苦しいことから　逃げていると
楽しいことからも遠ざかる（作者不明）

◉怒りを断ち切れば
人は安らかに眠る
怒りを断ち切れば
人は悩むことがない
怒りは毒の根であり
このうえなく甘い蜜の味である
すぐれた人たちは
その抹殺を称讃する
それを断ち切れば悩みがなくなる
からである（サンユッタ・ニカーヤ）

◉冬がすんだら　あたたかい
春がくる　楽しみだ
楽しみを　待つような原因《もと》を
平常から　つくっておきたい
（作者不明）

◉人の人生は　短いというが
それは　時間の使いよう
働きようである（吉井勇）

◉私たちの苦しみのほとんどは
私たちが頭の中で
生み出しているに過ぎません
（ダライ・ラマ十四世）

◉やりたいことは　偶然
できることは　必然（林修）

◉他人が　自分を苦しめる
のではない
自分が考えたことに　自分が
苦しめられているのである（作者不明）

◉人間にとって「生きる」とは
単に「存在する」ことではなく
「よく存在する」ことを
意味している（ガゼット）

◉人間にとっては
何でも思い通りに
なるということは
あまりよいことではない
（ヘラクレイトス）

◉山あれば山を観る
雨の日は雨を聴く
春夏秋冬　あしたもよろし
ゆうべもよろし（種田山頭火）

◉聞法は　死の準備でなく
生の糧である（作者不明）

◉悲しみを如来に捧げよ
微笑みが天から降ってくる
苦しみを如来に捧げよ
勇気が地から湧いてくる（清沢満之）

◉念仏することが
乱れる心を
静めることともなり
怠る心を励ますものともなり
人に親しむことともなる（金子大栄）

◉八方ふさがりのときが
八方へ　のびるときである（作者不明）

◉汚れなく　罪なき人を
汚そうとしても　その悪は
却って　その人に戻ること
風に逆らって投じた
塵の如くである（釈尊）

◉死を忘れるとき　生活は浮き
死を知るとき　生活はくずれ
死を超えるとき
生活は成就する（作者不明）

◉明日　何をすべきかを
知らない人間は　不幸である
（ゴーリキー）

◉生を奪う死は　また
生きる意味を与える（作者不明）

◉真珠貝は　海の中で
何かコロコロするような
異物を抱いたまま
今はそれを　除きたいとも
おもわず生きている（榎本栄一）

◉生も死も　その何れも共に
自分のものである（作者不明）

◉今日も、生涯の一日なり（福沢諭吉）

◉兎にも角にも
自分でやって見ること
間違っていたら
直ちに改めること（船橋一哉）

◉あたかも粗く葺いた家には
雨が漏るように
修養のない心には
貪欲《どんよく》が侵入する（法句経）

◉あらとうと
青葉若葉の　日の光（松尾芭蕉）

◉必要は　最も確実なる
理想である（石川　啄木）

◉念仏は　知る力
自己を知る　悪を知る
死を知る　恩を知る（作者不明）

◉真に人間の名にふさわしい人間を
他から区別する本質的な特徴は
困難な逆境に耐えぬくことである
（ベートーヴェン）

◉自己の分限を知れ
背のびすると　かならず疲れる
（作者不明）

◉人の目は外面を見る
仏の目は内面を見る（作者不明）

◉青年—愛読する古典を持つこと
少年—自然に親しみ
　永遠なるものを
　思慕すること
幼年—お早ようお休みを
　忘れぬように（金子大栄）

◉施しは仏の心　施したと言う
心は外道の心なり（作者不明）

◉誰の言葉からも
何かを聞きとろうとする人は
常に進んでいる人である（作者不明）

◉つつましく生きてゆこう
つゆくさのつゆのように
つかのまを　大切にしてゆこう
（坂村真民）

◉今日の成果は、
過去の努力の結果であり、
未来はこれからの
努力で決まる（稲盛和夫）

◉なさけの人は　あたたかく
知恵のある人は
きよらかなり（作者不明）

◉自分の足らないところを
見るのもよいが
自分にあるものを
見ていこう　それは
自分を大切にすることになる
（作者不明）

◉逆境を生きぬく人は尊い
だが　順境に酔わない人も
また有り難い（作者不明）

◉どうにもならんことは
そっと　そのままにしておく
（榎本栄一）

◉暴力が
獣の法則で　あるように
非暴力は
人間の法則である（ガンジー）

◉幸福とは　必ずしも
物に付いているのではなく
幸福とは　幸福の意味を
知ることである（作者不明）

◉喜んで驕《おご》らず
悲しんで傷《いた》まず（金子大栄）

◉たとえ一生を尽くしてでも
遇わねばならない
ひとりの人がいる
それは　私自身（広瀬杲）

◉救われるということは
生かされて生きておると
いうことが分かることや（米沢英雄）

◉我々が感じる不満の全ては
我々が持っているものに対して
感謝の念を抱くことがない
ことから生じている
（ダニエル・デフォー）

◉岩もあり 木の根もあれど
さらさらと ただささらさらと
水の流るる（甲斐和里子）

◉地がくるえば　地震
水がくるえば　水害
火がくるえば　火事
人がくるえば　鬼となる（作者不明）

◉人生に絶望なし　いかなる人生にも
決して絶望はない（中村久子）

◉依頼心は　苦痛の源なり（清沢満之）

◉思いわずらうな
なるようにしかならんから
今をせつに生きよ（釈尊）

◉人生から太陽が
消えたからといって
泣いてしまえば
その涙で星が見えなく
なってしまう（タゴール）

◉苦労を語る前に
私はまず自分自身の幸運に
感謝したい（松下幸之助）

◉一粒の砂に一つの世界を見
一茎の野の花に　仏を見る（作者不明）

◉感謝の念は教養の結実である
粗野な人々の間には
見受けられない（サミュエル・ジョンソン）

◉下を向いていたら
虹を見つけられない
（チャールズ・チャップリン）

◉失敗が教える教訓
まじめに味わう人は
必ず　再起できる（作者不明）

◉貧しくとも
心はつねに　高貴であれ
一輪の花にも　季節の心を知り
一片の雲にも　無辺の詩を抱き
碗の米にも
苦労の恩を感じよう（坂村真民）

◉自分の　わがままは
あたりまえと思い
他人の　わがままは
許せないと思う（作者不明）

◉待つ長さ　過ぎ去る速さ
生きる今（作者不明）

◉私が親鸞から学んだものを
一言で言えと言われれば
人生はマイナスの裏にプラスあり
プラスの裏にマイナスあり
ということだ（井上信一）

◉鮎は　瀬に住む
鳥は　木の枝に
人は　情けの下に住む（良寛）

◉人間は幸福でなければならない
もし不幸であるというなら
それはその人自身の負うべき
責任である（トルストイ）

◉歩かない日はさみしい
飲まない日はさみしい
作らない日はさみしい
ひとりでいることは
さみしいけれど
一人で歩き一人で飲み
ひとりで作っていることは
さみしくない（種田山頭火）

◉恵まれし いのちなりせば
今日の日は
再び来ぬ 尊き一日（作者不明）

◉生命は 時間の長さだけで
計るべきものではない（作者不明）

◉一日の空過は やがて
一生の空過となる（金子大栄）

◉涙とともに
パンを食べたものでなければ
人生の味は わからない（ゲーテ）

◉憎む者を
愛しようとすることは尊い
だが 憎むこころの
やまぬ己《おの》がこころを
恥じることもまた尊い（作者不明）

◉一寸の幸せには
一瞬の魔物が必ず
くっついてまいります
人間三六五日
何の心配もない日が　一日
いや半日あったら
それは幸せな人間です（太宰治）

◉あてにならぬことを
あてにしているから
ふらふらである（曽我量深）

◉謙遜も　すぎれば　高慢となる（作者不明）

◉わしがしなけりゃだれがする
いましなければ　いつできる（作者不明）

◉またひとつ　しくじった
しくじるたびに　目があいて
世の中すこし広くなる（榎本栄一）

◉散る桜　残るさくらも
散るさくら（良寛）

◉一すじに生きる　ひとの尊さ
一すじに歩みたる　ひとの尊さ
われもまた　一すじに生きん
一すじに歩まん（坂村真民）

◉いかにせば　まことの道に
かなわめと　ひとえに思う
寝ても覚めても（良寛）

◉タンポポの種の軽さ
タンポポの根の深さ
それを　学び取ろう
わがものとしよう（坂村真民）

◉人多き　人の中にも　人ぞなき
人となれ人　人となせ人（作者不明）

◉明日死ぬかのように生き
永遠に生きるかのように学ぼう
（ガンジー）

◉人生とは自分探しを
することではない
人生とは自分を創ることである
（バーナード・ショー）

◉薬を一〇錠飲むよりも
心から笑う方が良い（アンネ・フランク）

◉この世の　ものはすべて
壊れるものである
わがままな心を　すてて
精進するがよい（作者不明）

◉父　いますときは行いを見
父　いまさずば志をみる（作者不明）

◉空中　海中　地中
いかなる処にあっても
悪い行為の　報いを
免れることは　できない（釈尊）

◉人生とは
その日その日のこと（金子大栄）

◉理解のない人間に会うよりも
山を見 樹を眺め 鳥を聞き
空を仰ぐ方が
どのくらいうれしいかは
知る人は知っている（種田山頭火）

◉山あれば谷あり谷あれば水あり
うつくしきかな
家あれば母あり母あれば涙あり
やるせなきかな（サトウハチロー）

◉失敗しないのが偉いのではない
失敗しても　再び
立上がる人が偉いのだ（作者不明）

◉おろかなる
身こそなかなかうれしけれ
弥陀の誓に逢うとおもえば（良寛）

◉人間は肉体のみで
生きるのではなく、
心で生きるの（中村久子）

◉順風として喜んでいる人が
遇《であ》っている風は
逆風として嘆いている人が
遇《であ》っている風と
まったく同じ風なのである
（幸田 露伴）

◉自己嫌悪がないということは
自己を　熱愛する事の
ない証拠だ（志賀直哉）

◉息子を持つ者は
息子のことであれこれ悩み
牛を持つ者は
牛のことであれこれ悩む
人は　自分が執着している
もののことであれこれ悩む
実に　執着のない人は
なにも悩むことがない
（サンユッタ・ニカーヤ）

◉人生の帰るべき処を　もたなければ
たとい八十で　死すとも
若死《わかじに》である（作者不明）

◉「夢を持て　目的を持て
やれば出来る」
そんな言葉に騙されるな
何も無くていいいんだ
人は生まれて　生きて　死ぬ
これだけで大したもんだ（北野武）

◉苦は楽の種　楽は苦の種と
知るべし（徳川 光圀）

◉悩みの種は　つきないが
悩みをこえる
道は開かれてある（作者不明）

◉にちにち出合う
なんでもないあたりまえの人を
ひそかに拝めるような
私になりたい（榎本栄一）

◉いつでも死ねる
草が咲いたり実ったり（種田山頭火）

◉母となりながら
母の眼を持たぬ人もおれば
子の生めぬ悩みをもちつつ
母性的な眼を持つ人もある
（作者不明）

◉あなたに影があるなら
光が当たっている証拠よ
（レディー・ガガ）

◉たたかれて強くなるのだよ
わらわれて反省するのだよ
叱られてえらくなるのだよ
（作者不明）

◉おはよう　素直に言える人は
ありがとうという言葉も
自然に出てくる（井上信一）

◉水を飲んで　楽しむ者あり
錦を着て　憂うる者あり（作者不明）

◉あのね
年をとるっていうのは
本当におもしろいもの
年をとるっていうのは
絶対におもしろい現象が
いっぱいあるのよ
だから、若い時には
当たり前にできていたものが
できなくなること
ひとつずつを
おもしろがってほしいのよ
（樹木希林）

◉寒さにふるえた者ほど
太陽を暖かく感じる
人生の悩みをくぐった者ほど
生命の尊さを知る
（ウォルト・ホイットマン）

◉満開の花木の香は　遠く吹き
もたらされるごとく
善行の香は　遠く吹き
もたらされる（ウパニシャッド）

◉光を　かかげた人に
めぐりあうということは
人生の一大事件です（井上信一）

◉毎日毎日が 奇蹟である
いや 生活の 全部が奇蹟だ
年月は 人間の救いである
忘却は 人間の救いである（太宰治）

◉嫁ぐ子に　忘れずもたす
数珠一つ（作者不明）

◉それぞれに特色あり
花の優しさ 雑草の根強さ（作者不明）

◉姿より　かおりに生きる
花もある（作者不明）

◉悪をなさば　自ら汚れ
なさざれば　自ら浄まる
浄　不浄は　自己による
他から浄められる
ものではない（釈尊）

◉宗教は　外から説法によりて
わからされるものではなくて
内から　聞法を機縁にして
自ら開けゆくのである（鈴木大拙）

◉退屈は　すべての悪の根源である
（キルケゴール）

◉人間にとって大切なことは
言葉を尽くすことだという
だが　もっと大切なことは
最後の一瞬まで
耳を傾けぬくことである（広瀬杲）

◉人間の偉大さは
人間がおのれを　みじめなもの
と知る点である（パスカル）

◉自己を知ることいよいよ深くして
如来を知ること
いよいよ深し（作者不明）

◉わが行く道に　茨多し
されど生命の道は　一つ
この外に道なし
この道を行く（武者小路実篤）

◉激しく傷つくということは
傷つく能力があるから
傷つくのであって
その能力の内容といえば
豊かな感受性と
鋭い感覚である（吉行淳之介）

◉小さいことを　積み重ねるのが
とんでもないところへ行く
ただひとつの道だと
思っています（イチロー）

◉この世に生を受けたこと
それ自体が最大の
チャンスではないか（アイルトン・セナ）

◉前進できぬ　駒はない（中原誠）

◉人は　それぞれ事情をかかえ
平然と生きている（伊集院静）

◉なにも知らなかった日の
あの素直さにかえりたい
一ぱいのお茶にも
手をあわせていただいた日の
あの初めの日に　かえりたい
（坂村真民）

◉幸せを感じ得る身と
なることが
根本の幸せであり
不幸しか感じ得ない身
となることが
最も不幸なのである（作者不明）

◉他人のために
他人と　共に生きること
それだけが　生きることだ
（ハイベルグ）

◉必要なのは愛だけ
でも、時々ちょっと
チョコレートがあっても
かまわないけど
（チャールズ・M・シュルツ）

◉他を　咎むる勿れ
他をとがめんとする心を咎めよ
（清沢満之）

◉人生はいたって単純
競争なんて本当は
存在しないし
勝たなきゃいけない
レースもない（スザンヌ・サマーズ）

◉毎晩　眠りにつくたびに私は死ぬ
そして翌朝　目をさますとき
生まれ変わる（ガンジー）

◉自ら労して　自ら食うは
人生独立の本源なり（福沢諭吉）

◉自分が幸せかどうかは
自分で決めるしかないのよ
（マツコ・デラックス）

◉腹の立つときは　石を見よ
千万年も黙って
濁世のなかに
坐り続けてきた　石を思え
（坂村真民）

◉死がわかれば
生のねうちが　わかる
生のねうちが　わかれば
死は死ではない（作者不明）

◉たっぷりと春は
小さな川々まであふれている
あふれている（山村暮鳥）

◉頬よせて
共に笑える人がある
抱き合って
一緒に泣ける人がある
ブンなぐり
忠告しあえる人がある
肩たたき
激励しあえる人がある
我こそこの世の幸運児（作者不明）

◉人生は
一箱のマッチに似ている
重大に扱うのは
ばかばかしい
重大に扱わなければ
危険である（芥川龍之介）

◉自己を見失っている者には
金も名誉も
禍《わざわい》のもとである（作者不明）

◉仏の心とは
大慈悲である（釈尊）

◉生と死　愛と憎しみ　光と影
人はこの二律背反を同時に
生きなければならない
たぶん文学はそういう
瞬間からしか
生まれてこないのだろう（太宰治）

◉痛みが鎮まることを
乞うのではなく
痛みに打ち克つ心を
乞えますように（タゴール）

◉人間は　時間的な存在である
（マルティン・ハイデッガー）

◉枝を張る時期もあれば
成長するためには
根を伸ばす時期も大切（作者不明）

◉ひとりの人間にとって
最大の発見
最大の驚きのひとつは
自分にはできないと
思い込んでいたことが
実は出来るのだと
知ることである
（ヘンリー・フォード）

◉ひとりの殻を出て
縁あるままに
人に遭う
仏に遭う（榎本栄一）

◉たくさん経験をして
たくさん苦しんだほうが
死ぬときに
ああよく生きたと
思えるでしょう
逃げていたんじゃあ
貧相な人生しか送れませんわね
（瀬戸内寂聴）

◉自分が怒れば　相手もおこる
自分が笑えば　相手も笑う
相手の顔を　決めるのは
いつもこちらの顔つきだ
（作者不明）

◉なりたかった自分になるのに
遅すぎるということはない
（ジョージ・エリオット）

◉方向をかえよ
光を　背にするから
くらい闇が生まれるのだ
（作者不明）

◉人と生まれた悲しみを
知らないものは
人と生まれた喜びを知らない
これが 浄土教の人生観である
（金子大栄）

◉散れば咲き
咲けばまた散る　春ごとの
花のすがたは　如来常住（一休）

◉生きるということ
それは つねに
誕生の意義を問われ続ける
ことである（広瀬杲）

◉人生は学校である
そこでは幸福よりも
不幸の方がよい教師である
（フリーチェ）

◉あざみ花　我が身の針を知らずして
花と思いし　昨日今日まで（作者不明）

◉人生は　深い縁《えにし》の
不思議な　出合だ（坂村真民）

◉晴れぬ長雨はない
いつまでも
苦しい時ばかりではない（作者不明）

◉自分の人生を
自分が決めるということは
自分の心に　自分が打ち勝つ
ことです（アウンサンスーチー）

◉苦労から抜け出したいなら
肩の力を抜くことを
覚えなさい（斎藤茂太）

◉生きて甲斐あり
死して悔いなき一日が
われらの生涯を
ゆたかにする（作者不明）

◉深い水ほど波立たない
浅い水ほど波がたつ
人間の心も　それと同じだ（作者不明）

◉人間　窮地におちいるのはよい
意外な方角に
活路が見出せるからだ
しかし　死地におちいれば
それでおしまいだ
だから　おれは
困ったの一言は吐かない
（高杉 晋作）

◉心得たと思う心には
油断がある
心得られぬと思うことは
心得る前兆である（作者不明）

◉自分を知ることが
深ければ深いほど
人はいきいきとしてくる
（マルティン・ハイデッカー）

◉人生の目的は利得ではない
正直である　正義である
（中江藤樹）

◉だまされる人よりも
だます人のほうが
数十倍くるしいさ
地獄に落ちるのだからね（太宰治）

◉さりながら
人の世はみな　春の雪（句仏上人）

◉失敗もおかげである
失敗して自分を知る
他人を知る　人生を知る
みんなありがたい（作者不明）

◉心眼の開けるのは
苦悩に　あったとき（作者不明）

◉何ひとつ 成しえぬ身にて
いたづらに　世にあることの
はづかしさかな （足利義山）

◉死ぬべきものが今生きている
自分の今日を　よろこびたい
（作者不明）

◉幼児を抱ける母親ほど
見る目清らかなるものはなく
多くの子女に取りまかれた
母親ほど敬意を
感じさせるものはない （ゲーテ）

◉同じ五本の指でも
握ればゲンコツとなり
胸に合わされば合掌《がっしょう》となる （作者不明）

◉親の言うことを　聞かぬ子も
親のまねは　必ずする （作者不明）

◉十億の人に　十億の母あれど
わが母にまさる
母あらめやも （暁烏敏）

◉もったいなし もったいなし
生かされて　ナムアミダブツー
（木村無相）

◉愛はお互いを
見つめることではなく
同じ方向に向かって
一緒に外を向くことで
成り立っています
（サン・テグジュペリ）

◉人間生活のすべてに
味を持たせるというのが
南無阿弥陀仏の
働きである（金子大栄）

◉泣いて笑うて　愛して憎んで
最後は別れてゆく（作者不明）

◉踏まれても
根強く忍べ福寿草
やがて　花咲く春は来にけり
（作者不明）

◉自らを灯火とし
自らを帰依として
他を帰依としてはならない
法を灯火とし　法を帰依として
他を帰依としてはならない（釈尊）

◉揉まれねば　この味はでぬ
新茶かな（作者不明）

◉亡き人を　案ずる私が
亡き人から　案じられている（作者不明）

◉海をよごし　空をよごし
あさましい人間　然し　地球は
このあさましい人間を抱いて
悠悠自転している（作者不明）

◉立ちつつも　歩みつつも
坐しつつも　臥しつつも
眠らないでいる限りは
この（慈しみの）心づかいを
しっかりとたもて
この世では
この状態を崇高な境地と呼ぶ
（「スッタニパータ」第一章八節一五一句）

◉人が人よりも機械を信用し
人の情熱や　誠意よりも
数字を信頼し
社会が人を信頼しなくなった時
感謝の気持ちは
存在するのだろうか
（マーヴィン・トケイヤー）

◉すなおに
人の言うことが聞ける人は
最も力ある人
小心者は　我を張って
人の言うことを聞こうとしない
（作者不明）

◉小楽を　捨てれば
大楽を　得るであろう
智者は　大楽を見て
小楽を　捨つべきである（釈尊）

◉幸福は　外に求めるな
現在与えられている
境遇の中に見いだせ（作者不明）

◉悩みを　つき抜けて
歓喜に倒れ（ベートーヴェン）

◉濁れる水の　流れつつ　澄む
（種田山頭火）

◉欲望の倫理を肯定するものは
まことの宗教ではない（井伊文子）

◉親あっての子　子あっての親
二にして一　一にして二（作者不明）

◉不満はね　ストレスの素よ
感謝はエネルギーになるのよね
（森光子）

◉どんな所にも
生かされてゆく道がございます
（中村久子）

◉耳はだまっているくせに
聞いている
自分のうそを聞いている（作者不明）

◉朝は　希望に起き
昼は　努力に生き
夜は　感謝に眠る（作者不明）

◉あなたの中にある真実以外に
真実はない（ニール・ドナルド・ウォルシュ）

◉努力する人は希望を語り
怠ける人は不満を語る（井上靖）

◉疑いながらためしに右へ曲るのも
信じて断乎として右へ曲るのも
その運命は同じ事です
どっちにしたって引き返す
ことは出来ないんだ（太宰治）

◉生々世々《しょうじょうぜぜ》の　悪を知らず
慈眼《じげん》の前に　何を甘ゆる（九条武子）

◉人をそしらず　自慢せず
身の至らぬを恥じて
念仏（作者不明）

◉人は　いつか必ず
死が訪れるということを
思い知らなければ
生きているということを
実感することもできない
（マルティン・ハイデッガー）

◉手を合わすことから
ものみな善意に受けとる
心が生まれる（作者不明）

◉感謝の心が幸福の呼び水なら
素直な心は進歩の親で
あるかもしれません（稲盛和夫）

◉過去と他人は変えられない
しかし　自分と未来は
変える事ができる
（エリック・ウォール）

◉与えられた
このいのち　このちから
せい一ぱい生きよう
せい一ぱい働こう（作者不明）

◉わが生よ　一輪の花のごとく
一心であれ
わが死よ　一輪の花のごとく
一切であれ（坂村真民）

◉お花が散って　実が熟れて
その実が落ちて　葉が落ちて
それから芽が出て　花が咲く
明るい方へ
明るい方へ（金子みすゞ）

◉そしる風　ほめる風をも
そのままに　柳になりて
南無阿弥陀（作者不明）

◉やさしい言葉は短く簡単に
言えるかもしれない
でも　その響きは実に永遠だ
（マザー・テレサ）

◉自分で自分を
励ましてあげなさい（釈尊）

◉浄土は
言葉の要らぬ世界である
人間の世界は
言葉の必要な世界である
地獄は言葉の通じない
世界である（曽我量深）

◉自分の中には心身の疲れを
癒すための睡眠と
何かを無視するための
睡眠がある（米津玄師）

◉リスクをとることに
不安を感じるなら
あまり大きなリスクは
とらない方がいい
しかし、まったくリスクを
とらないというのは
実は最も大きな
リスクだということは
覚えておいた方がいい
（ジェフ・ケラー）

◉愚痴をいうてるうちは
進歩しない（作者不明）

◉人生は必ず終わりを迎える
それを心に留めておくことは
自分には失う物など
何もないということを
気づかせてくれる最善の方法です
（スティーブ・ジョブズ）

◉きれいな花を
ほめる人は　あっても
花を生かしている土中の根を
思う人は　少ない（作者不明）

◉この日　この時　この場所が
つまり私の全部の人生だ（作者不明）

◉無量寿
花咲くも　花散るも（広瀬杲）

◉歯痛がとまって
痛くない有り難さを知る
不幸を知る者のみが
真実の幸福を知る（作者不明）

◉障子を開けてみよ
外は広いぞ（豊臣秀吉）

◉信仰とは　夜明け前の
闇の中で光を感じ　歌っている
鳥のようなもの（タゴール）

◉迷ったら前へ
苦しかったら前に
つらかったら前に
後悔するのはそのあと
そのずっと後でいい（星野仙一）

◉怒り　驕り　強情　反抗心　偽り
嫉妬　ほら吹くこと　極端の高慢
不良の徒と交わること
――これがなまぐさである
肉食することが
〈なまぐさい〉のではない
（「スッタニパータ」第二章二節二四五句）

◉仏教は　知識の増大ではなく
智慧の完成を　苦痛の減少や
快楽の増大ではなく
苦悩の消滅を目的とする（真継伸彦）

◉もえさかるこの煩悩を
いかにせむ　あみだ仏の
み手のままに（中村久子）

◉み仏といつも二人の
よいくらし（作者不明）

◉春彼岸　菩提の種を
まく日かな（作者不明）

◉遺産なき母が
唯一のものとして残してゆく死を
子らよ受けとれ（岡本かの子）

◉地獄の苦悩を背負って
立ち上る心を　信心という（安田理深）

◉ただ一度かぎりの
この生命なのだ
大切に今日一日を生きよう（広瀬杲）

◉一つずつの　小さな現在が
続いているだけである（宮沢賢治）

◉南無阿弥陀仏というのは
人間の一生を送るための
姿勢である（金子大栄）

◉古人の跡を求めず
古人の求めたる所を
求むべし（松尾芭蕉）

◉時代に追従するあまり
自己を失うことを
憂うべし（作者不明）

◉里の子や
鳥も交る　花御堂（作者不明）

◉人生における苦しみは
すべて如来の
激励である（曽我量深）

◉他をしがむる勿れ
他をいましめんとする
心をいましめよ（清沢満之）

◉親のみ
「いい子だのに 悪いことをして」
と悲しむ（作者不明）

◉人を　人とすることによって
自分も　人となる（作者不明）

◉生きものを（みずから）
殺してはならぬ
また（他人をして）
殺さしめてはならぬ
また他の人々が 殺害するのを
容認してはならぬ
世の中の強剛な者どもでも
また怯えている者どもでも
すべて生きものに対する
暴力を抑えて――
（「スッタニパータ」第二章十四節三九四句）

◉神仏を拝む人は多いが
神仏を嘆かせている
自分に気づく人は少ない
（作者不明）

◉己　上手と思わば
はや下手になるの兆《きざし》と
しるべし（杉田 玄白）

◉自分の心さえ
自分の思うようにならぬのに
他人を思うように
しようと考えるな（作者不明）

◉活用なき学問は
無学に等しい（福沢諭吉）

◉万巻の書を読み
万里の道をゆく（富岡 鉄斎）

◉信ずる理由があるから
信じているのではなくて
信じたいから
信じているのだ（二葉亭 四迷）

◉本物は続く
続けるから本物になる（東井義雄）

◉迷信 拝んでなおす
祈って もうける
大安・友引・おまもり・たたり（作者不明）

◉三十までは 普通列車
四十までは 準急列車
五十までは 急行列車
六十すぎれば 超特急（作者不明）

◉死すべき時を 知らざる人は
生くべき時を 知らず（ラスキン）

◉一年は 木の葉の 夢で
ありにけり（作者不明）

◉われわれが
だまされるのではない
われわれが　じぶんじしんを
だますのだ（ゲーテ）

◉ご用心
忙がしいという字は
心が亡ぶとかきます（作者不明）

◉信心とは
聞き溜めることでなく
聞きぬくことである（大河内了悟）

◉いうものは　水に流し
聞くものは　石にきざむ（作者不明）

◉尊敬と謙虚と　満足と知恩と
時々　教えを聞くこと
これがこよなき幸せである（釈尊）

◉目は　よく物を見るが
自分自身を見ることができない
自分を省みる目が欲しい（作者不明）

◉あらゆるものの中で　最大の富
それは　自ら満ち足りている
心境である（エピクロス）

◉こころみに　息を吸って
空を見あげよ（作者不明）

◉与えられたものを受け取り
与えられたものを活かす（塩尻公明）

◉他人の嘘を　怒りながら
自分は平気で嘘をつく（作者不明）

◉病のないのは　第一の利
足るを知るのは　第一の富
信頼のあるのは　第一の親しみ
悟りは第一の楽しみ（作者不明）

◉足でけとばしていたものを
あら勿体なやと　頂ける世界を
浄土という（安田理深）

◉ぞうきんは　他のよごれを
いっしょうけんめい　拭いて
自分は　よごれにまみれている
（榎本栄一）

◉止まりさえしなければ
どんなにゆっくりでも
進めばよい（作者不明）

◉自分以外のものを頼るほど
はかないものはない
しかし　その自分ほど
あてにならない
ものはない（夏目漱石）

◉一身を　すてつるなれば
世の中の事何かは
おそろしからん（樋口一葉）

◉一丈の堀を
こえんと思わん人は
一丈五尺をこえんと
思うべきなり（法然上人）

◉与えたら　黙り
受けたら　語れ（作者不明）

◉命は一つよ（東井義雄）

◉単純なものこそ
変わらないもの
偉大なるものの　謎を宿している
（マルティン・ハイデッガー）

◉あたかも　母が己が独り子を
命を賭けて護るように
そのように一切の生きとし
生けるものどもに対しても
無量の（慈しみの）こころを
起すべし
（「スッタニパータ」第一章八節一四九句）

◉永久の未完成
これ完成である（宮沢 賢治）

◉大いなる哉《かな》 心や
天の高きは極むべからず
しかるに心は
天の上に出づ（栄西）

◉自分の本当に
やりたいことをしなさい
何をしたって他人は
文句を言うのだから
（エレノア・ルーズベルト）

◉壁というのは
できる人にしかやってこない
超えられる可能性がある人に
しかやってこない（イチロー）

◉悩みの種はつきないが
悩みをこえる
道は開かれてある（作者不明）

◉あなたは負ける為に生まれた
はずはない（ジェームス・スキナー）

◉天理に叶う時
富貴来る（二宮尊徳）

◉人生は短い　だから友よ
空騒ぎしたり　争ったりする
暇なんてないんだ（ジョン・レノン）

◉自分が信じないことは言わず
知ったからには必ず行う
という思いが強くなれば
自然に言葉は少なく
行動は素早くなる（渋沢栄一）

◉金はためておいていく
罪はつくって持っていく
法は聞かずに落ちていく（作者不明）

◉幸福人とは
過去の自分の生涯から
満足だけを記憶している
人びとであり
不幸人とは
それの反対を記憶している
人々である（萩原 朔太郎）

◉難きを見て為さざるは
丈夫の志にあらず（福沢諭吉）

◉体裁よりも　心のかよう
なごやかさ（作者不明）

◉積《せき》小《しょう》為《い》大《だい》（二宮尊徳）

◉生きているということは
死ぬいのちを
かかえているということ
うれしいような
さびしいような
愛しくてならぬ
この なまあたたかい
生きているということの
肌ざわり（東井義雄）

◉稽古とは
一より習ひ　十を知り
十よりかへる
もとのその一（千利休）

◉まことの学問とは
賢者になることを
学ぶのではない
恩知らずであったことを
学ぶのだ（作者不明）

◉愚者は教えたがり
賢者は学びたがる（作者不明）

◉こだわりのない人は
たじろがない
しかし　こだわりのある人は
この状態からあの状態へと
執着してて　輪廻を
越えることがない（釈尊）

◉金ためて　何をするぞと
思いしに　煩悩ふやす
ことばかり（作者不明）

◉公害は人間の貪欲と
無明の象徴である（作者不明）

◉生活はすべて
次の二つから成り立っている
したいけれどできない
できるけどしたくない（ゲーテ）

◉人がもし
百年生き永えたとしても
最上の真理を見ないならば
最上の真理を見る人が
一日生きたほうが勝れている（法句経）

◉我という人の心は　ただひとり
われより外に
知る人はなし（谷崎潤一郎）

◉胃腸・心臓をみても
われわれの　知らぬ間に
活動が　おこなわれている
生きることは
無意識の世界である（平澤興）

◉自分の力で
生きているのではない
はかり知れない
背後の力周囲の力に支えられて
今日の自分がある（作者不明）

◉どろ沼の　どろに染らぬ
ハスの花（作者不明）

◉有限なるものを　あてにせず
無限なるものを　立場にして
生きるが仏の道（作者不明）

◉くらやみの中で宝があっても
つまずくだけだ（作者不明）

◉悲しみを　如来に捧げよ
微笑みが天から降ってくる
苦しみを　如来に捧げよ
勇気が地から湧いてくる（清沢満之）

◉勤労は尊い　合掌のある勤労は
さらに尊い（作者不明）

◉山へ登る道だって
途中には
下ることだってある（深田久弥）

◉怒れば地獄　むさぼれば餓鬼
恥をしらぬは畜生だ　先ず
三悪道を出ることだ（作者不明）

◉共に苦しみ　共に泣き
共に喜び　共に笑う
すべてを　共にするところに
平和がある（作者不明）

◉ふるさとの山に向いて
いうことなし
ふるさとの山は
ありがたきかな（石川啄木）

◉サラリと　流しゆかん
川の如く
サラリと　忘れてゆかん
風の如く
サラリと　生きてゆかん
雲の如く（坂村真民）

◉ほんものの鬼は　人の面を
かぶっている（作者不明）

◉苦から逃げれば
苦は追うてくる
楽を追えば
楽は逃げて行く（佐々木蓮麿）

◉外に迷うているのではない
自分に　迷うているのだ（作者不明）

◉美しく散るは　貴い
いつまでも椅子にしがみついて
離れないのは見苦しい（作者不明）

◉天は人の上に人を造らず
人の下に人を造らず（福沢諭吉）

◉工師が　鉄の錆を除く如く
賢者は　一刻一刻己の心の
垢を除く（釈尊）

◉河が　どんなに広くても
堅固な橋を　掛け渡す
現代人がなぜ
身近な人と人との間にさえ
心の掛け橋を
築こうとしないのか（広瀬杲）

◉学ぶひまがない
という人は　ひまがあっても
学ばないだろう（作者不明）

◉私が両手をひろげても
お空はちっとも飛べないが
飛べる小鳥は私のように
地面を速くは走れない
私がからだをゆすっても
きれいな音は出ないけど
あの鳴る鈴は私のように
たくさんな唄は知らないよ
鈴と　小鳥と　それから私
みんなちがって　みんないい
（金子みすゞ）

◉花咲けば　共に眺めん
実熟せば　共に食はん
悲喜分かち共に生きん（作者不明）

◉恵みは
期待しない時におとずれ
私欲がでると
あてがはずれる（作者不明）

◉自分に対して
とことん正直になること
それが心身によい影響を与える
のである（ジークムント・フロイト）

◉生涯をかけて
打ちこめる仕事を一つ
生涯をかけて
信じあえる友一人
生涯読んでいつも
太陽となる本一冊（作者不明）

◉人の生活は
自己否定が　はじまるときに
開始される（作者不明）

◉わが身が大事なら
人さんを大事にせねば（足利源左）

◉人間は　何十億いるのに
私とおなじ人間が
どこにもいないのは
フシギなことだ
この私のなかに
無限の世界があるのは
さらにフシギなことだ（榎本栄一）

◉いつか
別れねばならないという上に
今出会っているこの出避いを
大切にしたいものである（作者不明）

◉奪って得なく
与えて損なし（二宮尊徳）

◉人間は
急がなくてもよいことを急ぎ
争わなくてもよいことを
争っている（大無量寿経）

◉年はとりたくない
しかし長生きはしたい
この虫のよい人間（作者不明）

◉衣食足りて
礼節を知らず（作者不明）

◉原子力より　大きな力が
もしあるとすれば　それは愛だ
これいがいにはない（井上靖）

◉何を笑うかによって
その人の人格がわかる（バニョル）

◉最初にあったのは
夢と根拠のない
自信だけ（孫 正義）

◉渋柿の　渋がそのまま甘味かな
（作者不明）

◉錆は　鉄より生じて
鉄を腐蝕させる
人のあしき業は
己より生じて
己をあしき処へと導く（釈尊）

◉海よりも　なお壮大なものは
大空である
大空よりさらに壮大なものは
人の心である（作者不明）

◉自分が今 生きているのは
先祖が自分の中に
生きているからだ（作者不明）

◉手みやげ一つ持たずに
生まれてきた私であるのに
今は　何と多くのものに
恵まれていることか（作者不明）

◉人間の魂の崇高さは
ある程度まで　何に対して
またどれくらい
尊崇の念をあらわし得るか
とうことによって
推定される（ドストエフスキー）

◉田畑は雑草によって損なわれ
この世の人は
貪欲によって損われる（法句経）

◉田畑は雑草によって損なわれ
この世の人は
瞋恚《しんい》によって損われる（法句経）

◉田畑は雑草によって損なわれ
この世の人は
迷妄によって損われる（法句経）

◉極端なる自負心と
極端なる失望とは
ともに極端なる
無自覚である（スピノザ）

◉我々を行うは
山に登る時の如く
常に努力しなければならぬ
悪を行うは
山から崩れ落ちる如く
底まで落ちこみ
容易に立ち直れない（作者不明）

◉我々を存在せしめている
根元の力を忘れて
腕一本　脛一本
自分の力で生きて来たと
威張っているのを
罪悪深重という（米沢英雄）

◉百人　千人を　すくう人あり
家のもの一人をも　すくいえぬ
私もあり（榎本栄一）

◉佛様は　わが心の中にあり
心の外に　求めようとするのを
愚かな人という（作者不明）

◉よいことばかり
いつまでも続かない
悪いことばかりも
いつまでも続かない（作者不明）

◉影があるからこそ光は輝くし
絶望があるからこそ希望も輝く
（ゲーテ）

◉最も大事なことは
人生を楽しむこと
幸せを感じること
それが全てです
（オードリー・ヘップバーン）

◉終着点は重要じゃない
旅の途中で
どれだけ楽しいことを
やり遂げているかが大事なんだ
（スティーブ・ジョブズ）

◉何かをあてにすれば　遊びさえ
苦しい仕事となる（作者不明）

◉諸々の愚者に親しまないで
諸々の賢者に親しみ
尊敬すべき人々を尊敬すること
――これがこよなき幸せである
（「スッタニパータ」第二章四節二五九句）

◉愚をさとった愚者は
それだけ賢い
自らの愚を知らない愚者こそ
真の愚者である（釈尊）

◉我が身一人が
生きようとするから
救われないのだ
他と　共に生きることが
自らを生かす道である（作者不明）

◉遠くかつ深く　思わん
あめつちのなかの
小さき　星に生れて（湯川秀樹）

◉人生に　雨や嵐があってこそ
生活が　浄められてゆく（作者不明）

◉生きている人を救うのが
生きている宗教である（作者不明）

◉念仏して
五欲の暑さ忘れうぞ（句仏上人）

◉はだかにて　生まれてきたに
何　不足（作者不明）

◉悠々と　穢土《えど》に居れる世界を
浄土という（安田理深）

◉他人の罪は　見易く
己の罪は　見難い
愚者は　他人の罪を吹聴し
己の罪は　かくす（釈尊）

◉すべてのものは　むちに怯え
すべてのものは　死を怖れる
自分の身にひきくらべて
他を殺すな殺させるな（法句経）

◉生きていることの不思議さに
街に出ていき歩きまわった
ヤッパリ不思議
生きていること（木村無相）

◉フッテヨシ　ハレテヨシ
ナクテヨシ　アッテヨシ
シンデヨシ　イキテヨシ
（竹部勝之進）

◉真の愛は
報いを期待しないところから
始まる　（サン・テグジュペリ）

◉雨にうたれ　稲の低姿勢
霜にうたれた　柿の味
辛苦に耐えた　人の味（作者不明）

◉長所は
鼻にかければ短所となり
短所は
自覚すれば長所になる（作者不明）

◉いかりを捨て　おごりを捨て
すべての　束縛を離れよ
執着がなければ苦もない（釈尊）

◉人間の眼は
光を見つめることはできない
しかし　光に照らされて
わが身を　見つめることは
できる（広瀬杲）

◉おこたるは　死の道
努めはげむは　生の道（作者不明）

◉働くとは　はたを楽に
することである（作者不明）

◉今日は人の身の上
明日は我が身の上（狂言より）

◉たった一人しかない自分を
たった一度しかない一生を
ほんとうに生かさなかったら
人間に生れた甲斐が
ないじゃないか（山本有三）

◉自分がしあわせかどうか
問わなくとも良い　しかし
あなたとともにいる人が
しあわせかどうかは問うが良い
報いを求めない奉仕は
ひとを幸福にするだけではなく
私自身も幸福にする（ガンジー）

◉災難が来ない様に祈るのが
信心ではない
どんな事が来ても
引き受けてゆける
力を得るのが信心である（作者不明）

◉何かを始めることはやさしいが
それを継続することは難しい
成功させることはなお難しい
(津田梅子)

◉敵に勝つより
もっと大事なことは
常に自分を
レベルアップすること
(野村克也)

◉朝は　朝顔の花のように
あかるく輝いていたい
夕べは　夕顔の花のように
ほんのり匂うていたい
(坂村真民)

◉竹の強さは真空にある
金だの　地位だの　恋だのと
やたらに詰め込むと
ポキッと祈れるぞ
(作者不明)

◉自分に何ができるかは
自分以外の者にはわからない
いや　自分でも
やってみるまでは
わからないものだ
(ラルフ・ワルド・エマーソン)

◉子を拝む
親となりて　断絶なし
(作者不明)

◉長寿百歳　尊きにあらず
今を永遠に生きることが肝要
（佐々木蓮麿）

◉人は身体の鍛錬には
注意するが
心の鍛練は怠りやすい（作者不明）

◉人間は　欲を離れねば
大事はできない（西郷隆盛）

◉他人の仕事が楽に見えるのは
その苦労を　知らないからだ
（作者不明）

◉生きものに対する
あわれみのない人
かれは心の貧しい人である（釈尊）

◉孤独は最も自己に親しむ
ときであり　最も自己の拡大
されるときでもある（小坂奇石）

◉詩は音楽にならなかった
言葉であり
音楽は言葉にならなかった
詩である（ヘルマン・ヘッセ）

◉やっと出ました一本道
ナムアミダブツの一本道
西の空　あかるい（木村無相）

◉うらみの中にあって
うらみなく
むさぼりの中にあって
むさぼりなく
安らかに　生きよう（釈尊）

◉情報は　知識にあらず
（アインシュタイン）

◉教えは　きけばきくほど
自分が　はずかしくなる
けれども　その中に
うれしさが宿っている（作者不明）

◉足ることを知れるひとつは
天地の何にもかへぬ
わがたからなり（甲斐和里子）

◉子供に還らなければ　何一つ
この忝《かたじけな》い大自然のいのちの流れを
ほんとうにわかる筈は
ありません（北原白秋）

◉友達ってだけで
助けていい理由にも
なるんだよ（野比のび太）

◉政治的自由も
われわれの心が
自由でない場合には
われわれに
自由を与えない（タゴール）

◉からっぽの容器は
一ばん大きな音をたてる（作者不明）

◉憎悪によって
鎮まらない　憎悪を忘れて
はじめて憎悪は鎮まる（釈尊）

◉大人は
赤子の心を失わず（孟子）

◉仏法は　死を問いとして
それに応えるに足る
生を求める道である（金子大栄）

◉人間は　耳が二つに　口一つ
多く聞いて　少し言うため（作者不明）

◉二〇歳の顔は　自然の贈り物
五〇歳の顔は　あなたの功績
（ココ・シャネル）

◉この秋は
雨か風かは知らねども
今日のつとめに
田草　とるなり（作者不明）

◉世の中に
次のご三種の人がある
岩に刻んだ文字のような人
砂に画いた文字のような人
水に書いた文字のような人
（作者不明）

◉一日一日を
大切に過ごしてください
そして
「今日はいい事がある
いい事がやってくる」
「今日はやりたい事が
最後までできるんだ」
この事を思って
生活してみてください
（瀬戸内寂聴）

◉自らを不幸にする者は
自分である（作者不明）

◉人間はすべての人たちに
自分を見るとき
はじめて自分の生を
把握するのである（トルストイ）

◉働くので　疲れるのでない
不満をもって　働くから
疲れるのだ（作者不明）

◉文明とは
自己を忘れたものの踊る
ダンスホールである（松原 致遠）

◉ほんとうの力は
力みをぬく力である（作者不明）

◉夏には冬がよいといい
冬には夏がよいという
これじゃ不平の一生だ（作者不明）

◉人生の 最上の幸福は
自分自身のいかんにかかわらず
愛されているという
確信である（ユーゴー）

◉闇があるから光がある
そして 闇から出てきた人こそ
一番本当に 光の尊さが
わかるんだ（作者不明）

◉みじめな心に 花が咲く
苦しい心に 花が咲く
みにくい心に 花が咲く
どうにもならない そのままで
みんな尊い華となる
みんな浄土の華となる（鈴木章子）

◉自分を苦しめず
また　他人を害しない
ことばのみを語れ
これこそ　実に善く説かれた
ことばなのである
（「スッタニパータ」第三章三節四五一句）

◉見えないところで
見えないものが
見えるところをささえ 生かし
養いあらしめている（東井義雄）

◉背のびする自分
卑下する自分
どっちもいやだけど
どっちも自分（相田みつを）

◉理想は道案内である
それがなければ
確実な方向がない（トルストイ）

◉人間 今が一番若いんだよ
明日より今日の方が
若いんだから
いつだって その人にとって
今が一番若いんだよ（永六輔）

◉子は 親の言うようには しないが
親のするように なる（作者不明）

◉気にいらぬ 風も有ろうに
柳かな（作者不明）

◉月かげの
いたらぬさとは なけれども
眺むる人の心にぞ住む（法然上人）

◉「おかげさま」と
言える人生に孤独はない（作者不明）

◉肉体はおとろえるが
こころの眼がひらく
人間の晩年というものは
おもしろい
今日まで生きていのちのたかさが
見えてきた（榎本栄一）

◉自己の主人は自己自身である
他に主人があろう筈がない
自己を制してこそ得難い主人が
得られるのである（釈尊）

◉不実を　真実と思う者は
遂に真実に到達しない（釈尊）

◉ああもったいない
もったいない
きりぎりすよ　おまえまで
ねむらないで　この夜ふけを
わたしのために啼いていて
くれるのか（山村暮鳥）

◉眠られない人には
夜が長いように
正しい教えを知らない人には
まよいが長い（作者不明）

◉若さは美し
されど　老いたるは
更に美しい（作者不明）

◉みづのたたえの　ふかければ
おもてにさわぐ　なみもなし
ひとも　なげきの深ければ
いよよ　おもてぞしづかなる
（高橋元吉）

◉いまだかつて
一度も敵をつくったことの
ないような人間は
決して友人を持つことはない
（アルフレッド・テニスン）

◉善をなす場合には
いつも詫びながら
しなければいけない
善ほど他人を傷つける
ものはないのだから（太宰治）

◉慢心は人間の最大の敵だ
（ウイリアム・シェイクスピア）

◉百万の富を抱いても
一生涯に少ししか
費わなかったら
これは問題なく
貧乏人です（井上靖）

◉最も悲惨な貧困とは
孤独であり
愛されていないと
感じることです（マザー・テレサ）

◉どうやら幸福というものは
ひどく平凡なことの中にある
静かな眼　おだやかな心
健やかな体　平穏な日々
そうした状態以外の
何ものでもないらしい（井上靖）

◉勿体なや　祖師は紙子の
九十年（句仏上人）

◉失敗者が何をして
失敗したかよりも
成功者が何をして
成功したのか学びなさい
（ピーター・ドラッカー）

◉夢を持つことを
恐れてはいけません
大胆になるのです
夢に酔うことは決して
罪悪ではありません（稲盛和夫）

◉死ぬ覚悟が出来ていれば
人は自由に生きられる（ガンジー）

◉先のこと　毎日ことは
自分で何とかしなくちゃいけない
だって　自分以外は誰も何も
してくれないんですから（小野田寛郎）

◉大きな巌《いわお》が
いかなる風にも動かないように
賢者は　毀《き》誉《よ》褒《ほう》貶《へん》に
心を動かさない（釈尊）

◉われらの迷いの深いのは
仏の教えを知らないからだ（作者不明）

◉「いそがしや」で半生
寝て半生（作者不明）

◉信心は心を開き
疑は　心を閉ず（易行品）

◉どの場面にも善と悪がある
ことを受け入れることから
本当の意味で
人間がたくましくなっていく
病というものを駄目として
健康であることをいいと
するだけなら
こんなつまらない人生はない
（樹木希林）

◉怠りは塵垢である
怠りに従って塵垢がつもる
つとめはげむことによって
また明知によって
自分にささった矢を抜け
（「スッタニパータ」第二章十節三三四句）

◉七転八倒
つまづいたり　ころんだり
するほうが　自然なんだな
にんげんだもの（相田みつを）

◉伸びる時には必ず抵抗がある
（本田宗一郎）

◉川は岸のために
流れているのではない
川のために岸が
できているのである
子どもは学校のために
来ているのではない
子どものために
学校があるのである（東井義雄）

◉心を洗って香と為し
体を恭《つつし》んで華と為す（空海）

◉秋彼岸　しみじみ思う
身のおろか（木村無相）

◉荒磯の小石は　まんまるい
もっと もまれ もまれて
もまれぬけ（作者不明）

◉かなしみのきわみに
詩が生まれ
かなしみのきわみに
光が射し
かなしみのきわみに
手が合わされる（坂村真民）

◉幸せとは
一匹の温かい仔犬のことです
（チャールズ・M・シュルツ）

◉人しれず
人らしきわざせし あとの
おのが心の 奥の あかるさ
（甲斐和里子）

◉拝む手　称《たた》うる日　信ずる心
皆　他力なり（梅原真隆）

◉見えそうで見えないものは
自分の短所と欠点（作者不明）

◉あなたのその「顔」が
家庭を明るくもし
暗くもする（作者不明）

◉人間の運命は
その人間の性格の
生み出したものである
（ラルフ・ワルド・エマーソン）

◉柏の皮に蟻が何十匹あつまって
大騒ぎしているようだ
人間の捨てた桃の皮が
蟻の世界では　黄金よりも
だいじかもしれない（榎本栄一）

◉朝な朝な　仏と共に起き
夕な夕な　仏を抱きて臥す
（安心決定鈔）

◉悲しいといって
泣いておる人を慰めるには
一緒に泣くに限る
これよりほか　悲しんでおる人を
助ける道はない（金子大栄）

◉もし　過ちを犯す自由が
ないのならば
自由を持つ価値はない（ガンジー）

◉血気の怒りは有るべからず
理義の怒りは
無かるべからず（作者不明）

◉知識と賢明さを取り違え
ないように
知識は生計を立てるのに
役立ちますが
賢明さは人生を生きる糧と
なるのです（エレノア・ルーズベルト）

◉善い行いは
よい報いがくるというよりも
善い行いをするところに
報いられている（佐々木蓮麿）

◉自分を不幸にするものは
外ならぬ　自分である（作者不明）

◉一度地獄を見ると
世の中につらい仕事は
なくなるんです
苦しい経験を
若いうちにするからこそ
得られるものもある（池上彰）

◉夢を見るから　人生は輝く
（モーツァルト）

◉苦しみは
うけてゆくだけに終わらないで
よく味わってみれば
よい教えがえられる（作者不明）

◉生れによって
賤しい人となるのではない
生れによって
バラモンとなるのではない
行為によって賤しい人ともなり
行為によってバラモンともなる
（「スッタニパータ」第一章一七節一三六句）

◉人生いくら扉を叩いても
開かないときもある
そのときは神様の与えてくれた
時間だと思って
自分の中身を膨らませることね
（美輪明宏）

◉日常生活を公案として
それをどう解くかと
いうところに真宗人の
修行がある（金子大栄）

◉めだたないけれど
いのちのよりどころと
なっているお経は
人生の地下水である（東井義雄）

◉人をそしらず自慢せず
身のいたらぬを恥じて
念仏（作者不明）

◉地上には多くの道がある
けれど　最後の一歩は
自分一人で歩かねばならない
（ヘルマン・ヘッセ）

◉親鸞の信仰は　他人のことを
とやかく　いうのではなく
どんな人も　その人自身の
可能性を発見し　その人の花を
咲かせることができるという
信仰である（井上信一）

◉信仰は人生の力である（作者不明）

◉始めあれば　終りあり
生まれた時から
死は始まっている（作者不明）

◉汝　善人たらんと欲せば
先づ　自己の悪人たるを知れ
（エピクテトス）

◉心よき笑いは
家庭の太陽である（作者不明）

◉仏法とは　鉄砲の反対だ
鉄砲は外を撃つものだが
仏法は　己の内を撃つ
ものである（高光大船）

◉はらがたったら相手をかえて
弥陀を相手にするがよい
弥陀を相手にするような人は
はらがたつようなことはない
（貞信尼）

◉うぬぼれは
木の上から　ポタンと落ちた
落ちたうぬぼれはいつのまにか
また　木の上に登っている（榎本栄一）

◉優れた人は　静かに身を修め
徳を養なう（諸葛孔明）

◉無欲でなければ　志は立たず
穏やかでなければ　道は遠い
（諸葛孔明）

◉何びとも
他人を欺いてはならない
たといどこにあっても
他人を軽んじてはならない
悩まそうとして怒りの想いを
いだいて互いに他人に
苦痛を与えることを
望んではならない
（「スッタニパータ」第一章八節一四八句）

◉生きている　健康である
手が動く　足で歩ける
目が見える　耳が聞こえる
この当たり前のことの中に
ただごとでない幸せがある（東井義雄）

◉いつの日か　いつの日にかと
一生が過ぎゆく（作者不明）

◉人を知るより自分を知れ
人に勝つより自分に勝て（作者不明）

◉知らないということを恐れるな
恐れなければならないのは
虚偽の知識である（トルストイ）

◉知られるところは
わずか一滴の水のようで
知られるところは 実に
大海の水のようである（大経）

◉憎むな 恨むな 腹立てるな
自分自身が思うままに
ならぬのに
他人が思うままに
なることはない（作者不明）

◉人の徳をたたえる人は
人に たたえられる（作者不明）

◉今 大切なことは
かつてでもなく これからでもない
一呼吸一呼吸の今である（坂村真民）

◉他を責めるは鬼であり
他を裁くは閻魔であり
不足を思う心は餓鬼であり
人を利用するは畜生である（松原到遠）

◉病には病いの値うち 身を横たえて
空の高さを知る（作者不明）

◉欲ふかき 人のこころと降る雪は
積るにつけて 道も忘るる（作者不明）

◉往生ほどの一大事
凡夫の計らうべきことにあらず
ひとすじに如来に
まかせたてまつるべし（覚如上人）

◉闇を除けと　叫ぶよりも
光を　求めよ（作者不明）

◉人間社会の幸福とは
邂逅《かいこう》の喜びである（亀井勝一郎）

◉正信は　科学や医術に
決してさからわない（作者不明）

◉迷いを離れて
悟りが　あるのではない
迷いそのものが　仏の種と
なるのである（作者不明）

◉今日出発　万年初歩（白隠禅師）

◉「怖い」「面倒くさい」「不安だ」
と思う感情は過去の偏った
経験が作り出す
ただの錯覚です（吉田松陰）

◉己の限界を　叩き壊して励む事
これを挑戦という（孫 正義）

◉かたよらない
こだわらない
とらわれない心
ひろく　ひろく　もっとひろく
これが般若心経
空のこころなり（高田好胤）

◉自分の生きていることの
尊さを発見した者のみが
本当に他人を
喜ぶことができる（作者不明）

◉あなたでなければできない
仕事があるのです（作者不明）

◉仏陀は「目覚めた人」という
意味ですから
皆　目覚めて
仏陀になる資格があります
生きているうちに
目覚めようというのが
仏教の教えです（有馬頼底）

◉自分で自分の事をどう思うか
それは他人から
どう思われるかよりも
はるかに重要である
（ルキウス・アンナエウス・セネカ）

◉子供に対する愛は　菩薩行
すなわち利他の行の初めである
そういう愛を通じて初めて
人間は広く人を愛することを
学ぶのであろう（梅原猛）

◉未来は「今　我々が何を為すか」
にかかっている（ガンジー）

◉「ゴールは遠いなぁ」と
がっかりするのも道のりです
（糸井重里）

◉独り歩み、怠ることのない聖者
非難と賞賛とに心を動かさず
音声に驚かない獅子のように
網にとらえられない風のように
水に汚されない蓮のように
他人に導かれることなく
他人を導く人
—諸々の賢者は
かれを〈聖者〉であると知る
（「スッタニパータ」第一章十二節二一三句）

◉一歩踏み出せるなら もう一歩
踏み出せる（トッド・スキナー）

◉迷惑かけたくないからって
死んじゃう人がいますけど
人って迷惑をかけるために
生まれてくるんですよ
あえて言うとね
どれだけ迷惑を
許しあえるかが
人と人とのつながりの
深さだと思う（関野吉晴）

◉真剣だからこそ
ぶつかる壁がある（松岡修造）

◉行動する前から
叩かれてしまうこともあります
それでも行動するのが
ほんとうの勇気です（ハーパー・リー）

◉行動すると必ず結論が出る
結論が出ると人生が一歩進む
人生の価値は　結論をいくつ
出していけるかだ
勝率が問題ではない
勝率をアップさせたかったら
挑戦しないのが
一番の人生になってしまう（千田琢哉）

◉みずからは
豊かに暮しているのに
年老いて衰えた
母や父を養わない人がいる
これは破滅への門である（釈尊）

◉他人の意見を聞こうとしない
これを我慢といい
自分の意見を聞かそうとする
これを橋慢という（作者不明）

◉漠然とした不安は
立ち止まらないことで
払拭される（羽生善治）

◉賢くなることを　教える世の中に
自分の愚かさを　気づかせる
教えこそ　人間の道である（作者不明）

◉信仰は火である
心の汚れを　焼き清め
仏道にむかって　人々を
もえたたせる（作者不明）

◉いちばんいけないのは
じぶんなんかだめだと
思いこむことだよ（藤子・F・不二雄）

◉立って水面を見つめるだけでは
海を渡ることはできない（タゴール）

◉今日　命あるをよろこび
今日　生きているよろこびを
仏に感謝しよう（作者不明）

◉飛ぶためには
抵抗がなければならない
（マヤ・リン）

◉規矩《きく》作法　守りつくして
破るとも離るるとても
本《もと》を忘るな（千利休）

◉握り拳と
握手はできない（ガンジー）

◉どんな日であれ
その日をとことん楽しむこと
ありのままの一日
ありのままの人々
過去は　現在に感謝すべきだと
いうことをわたしに教えて
くれたような気がします
未来を心配してばかりいたら
現在を思うさま楽しむ
ゆとりが奪われてしまうわ
（オードリー・ヘップバーン）

◉私の　このヘタな文字
つたない文章も
見てくれる人のおかげで
書かせていただけるんです
「おかげさん」でないものは
この世に一ツもありません
みんな「おかげさん」で
成り立っているんです（相田みつを）

◉生きながら　地獄におち
生きながら　仏様に救われる
ただ信心の如何による（作者不明）

◉感謝の心が高まれば高まるほど
それに正比例して幸福感が
高まっていく（松下幸之助）

◉一本の野の花さえ
かけがえのない
いのちの　ありったけを
咲かせている（作者不明）

◉幸福は求めない方がいい
求めない眼に　求めない心に
求めない体に　求めない日々に
人間の幸福はあるようだ（作者不明）

◉早起きの家族は活気に満ち
夜更かしの家庭には
乱れが生ずる（作者不明）

◉今が本番　今日が本番
今年こそが本番
明日がある　明後日があると
思っている間は
なんにもありはしない（東井義雄）

◉俺は落胆するよりも
次の策を考えるほうの人間だ
（坂本龍馬）

◉失敗は回り道
行き止まりの道ではない
（ジグ・ジグラー）

◉心が変われば行動が変わる
行動が変われば習慣が変わる
習慣が変われば人格が変わる
人格が変われば運命が変わる
（山下智茂）

◉ベストを尽くして失敗したら
ベストを尽くしたってことさ
（スティーブ・ジョブズ）

◉人を知るより自分を知れ
人に勝つより自分に勝て（作者不明）

◉草を見る心は
己自身を見る心である
木を識る心は
己自身を識る心である（北原 白秋）

◉環境より
学ぶ意志があればいい（津田梅子）

◉勝ち負けなんか ちっぽけなこと
大事なことは
本気だったかどうかだ！（松岡修造）

◉死はある意味では生の完成で
あると思わざるを得ない（梅原猛）

◉不言実行と共に
また有言実行も
大いによろしい（渋沢栄一）

◉灼熱の熱さをくぐったものとは
つゆ思えぬ静かさで
ここに白磁の壺がある（東井義雄）

◉心の中のヴィジョンは
現実になるんだ（ジョン・レノン）

◉非暴力は人間に与えられた
最大の武器であり
人間が発明した最強の武器
よりも強い力を持つ（ガンジー）

◉すべての答えは出ている
どう生きるか
ということを除いて（サルトル）

◉一年は　春夏秋冬のリズム
一日は　昼と夜のリズム
人間は　この自然のリズムに
合わせて生きている（作者不明）

◉生まれたものどもは
死を遁れる道がない
老いに達しては　死ぬ
実に生あるものどもの定めは
このとおりである
熟した果実は早く落ちる
それと同じく　生まれた人々は
死なねばならぬ
かれらには
つねに死の怖れがある
（『スッタニパータ』第三章八節五七五・五七六句）

◉延命を祈るうちにも
へるいのち（作者不明）

◉一年の終りに思うこと
ただ一つ
わがままものが今日も
許されて　生きている
ああ　南無阿弥陀仏（広瀬杲）

◉食わねば　生きられぬ
では　食っていれば
死なぬか（作者不明）

◉昨日は　昨晩　終わった
今日はまた新しい日だ
（ジグ・ジグラー）

◉おごらず　人と比べず
面白がって
平気に生きなさい（樹木希林）

◉世の中に失敗というものはない
チャレンジしているうちは
失敗はない
あきらめたときが失敗である
（稲盛和夫）

◉もし　過ちを犯す
自由がないのならば
自由を持つ価値はない（ガンジー）

◉くりかえしをおそれ
くりかえしをよろこび
今日を生きる（作者不明）

◉お金をたいせつに
物をたいせつに
心を 最も たいせつに（作者不明）

◉静かに　平穏に　しかし
確実に その日が
近づいてくる（東井義雄）

◉幸せになることに
躊躇してはいけない（ジョン・レノン）

◉過去のことを思っちゃダメだよ
何であんなこと
したんだろ…って
怒りに変わってくるから
未来のことも思っちゃダメ
大丈夫かな　あはぁ～ん
不安になってくるでしょ？
ならば一所懸命
一つの所に命を懸ける！
そうだ！　今ここを
生きていけば　みんな
イキイキするぞ（松岡修造）

◉自己が自由に自在に動くとき
世界もいきいきと正動する（道元）

◉自分がわかっていないことが
わかるということが
一番賢いんです（鷲田清一）

◉若し自心を知るは
即ち仏心を知るなり
仏心を知るは
即ち衆生の心を知るなり（空海）

◉人の世の　小さき　はからい
秋の風（作者不明）

◉私しゃ罪でも　六字の慚愧《ざんき》
私しゃ罪でも　六字の歓喜
南無は慚愧《ざんき》で　阿弥陀は歓喜
慚愧《ざんき》歓喜《かんき》のなむあみだぶつ（浅原才市）

◉現在は　過去と未来との間に
画した一線である
この線の上に生活がなくては
生活はどこにもないのである（森鷗外）

◉美しい心を　愛する人あるも
醜い心を慈しむは
ただ　母と仏のみ（作者不明）

◉極端なる自負心と
極端なる失望とは
ともに極端なる
無自覚である（スピノザ）

◉他人の過失は　見易く
自分のとがは　見難い（作者不明）

◉好き嫌いの　多い人は
自ら世の中を
狭くしている（作者不明）

◉いずこより　我呼ぶ声ぞ
秋の暮（句仏上人）

◉絶望の隣には　希望がそっと
座っている（やなせたかし）

◉如何なるが苦しきものと
問うならば
人を隔てる心と答えよ（良寛）

◉人間のまごころには
限りがあるが
執着には　限りがない（作者不明）

◉苦しむとき　仏は近くにあり
楽しむとき　仏はかなたに去る
（作者不明）

◉一番は　もちろん尊い
しかし一番より尊い
ビリだって有る（東井義雄）

◉人は落ち目になると
墓相や家相が
気になりだす（作者不明）

◉この　み法
聞き得ることのかたきかな
我かしこしと
思うばかりに（一蓮院秀存）

◉よくよく　考えてみれば
幸せな　身である（作者不明）

◉うつつみの
なやみつきねど　みひかりの
てらされてある
人はたふとき（本多善英）

◉自己を知る者は　仏を知り
仏を知る者は　いよいよ
自己を知る（作者不明）

◉長所も鼻にかければ　短所
短所も自覚すれば　長所（作者不明）

◉十聞いて一話すを　賢といい
一聞いて十話すを　愚という
（作者不明）

◉浄土真宗が
すぐれているのは
親鸞聖人自身が
永遠に生きる人であるが故に
すぐれている（松永伍一）

◉謙遜な人は皆から好かれる
われわれはすべての人から
好かれる人間になりたく
思っている
それなのに どうして
謙遜な人になろうと努力
しないのだろうか（トルストイ）

◉生きていて強く
枯れてもなお
あたたかな野の花
老いることの 大切さを思う
枯れることの
美しさを思う（星野富弘）

◉はじめましてと 花は咲く
億年　春を重ねながら（新川和江）

◉琴の糸を緩くゆるめすぎた
ときは 美しい音色がでず
　きつく締めすぎると
音を絶ってしまう（四十二章経より）

◉使いみちもなく
放り出された木の枝
しかし其の陰で
寒さをしのぐ虫がいた
拾い上げて杖にする人がいた
（星野富弘）

◉見ずや君
明日は散りなむ　花だにも
力の限り
ひとときを咲く（九条武子）

◉貧しくたっていいじゃないか
乏しくたっていいじゃないか
卑しくなければ（小野田寛郎）

◉勇気を持って
誰よりも先に
人と違ったことをしなさい
（レイ・クロック）

◉空想はすなわち
実行の原案（福沢諭吉）

◉世界で一番恐ろしい病気は
孤独です（マザー・テレサ）

◉何もかもが変わっていく
瞬間があります
今まで嘆いていたことが
突然どうでもいいことに
思えてくるのです
（ジーン・アイリス・マードック）

◉わが心
深き底あり喜びも憂いの波も
とどかじと　念《おも》う（西田幾太郎）

◉雨の日は　雨の日の
老いの日は　老いの日の
おめぐみ（東井義雄）

◉自分ほど　尊いものはない
自分ほど　愛すべきものはない
だから自分が
どういうもので有ろうとも
世界中から見捨てられても
自分が自分を
見捨てることはしない
だからまた　佛様は自分を
見捨てなさらんと　いうことを
知ることが出来る（曽我量深）

◉成功の反対は失敗ではなく
「やらないこと」だ（佐々木則夫）

◉病気の時は
なおす工夫が大切であるが
なおらぬ時の工夫も
大切である（佐々木蓮麿）

◉天使とは　美しい花を
まき散らす者ではなく
苦悩する者のために
戦う者である
（フローレンス・ナイチンゲール）

◉くだり坂には
またくだり坂の
風光がある（榎本栄一）

◉あさ　めがさめた
呼吸している　うれしい
念仏が申される　うれしい
（竹部勝之進）

◉明日は　何を為すべきか
これは今日のうちに
考えておかなければならぬ
唯一のものである（石川啄木）

◉仏教は酒の様に芳醇で
母の乳房のように
甘くゆたかで円満で
平和なものだ（坂本勝）

◉才市はどこに居る
浄土もろうて娑婆《しゃば》に居る
これが喜び
なむあみだぶつ（浅原才市）

◉ペンは剣よりも強し
（福沢諭吉）

◉人は　死ぬまで同じ事を
するものではない
理想にしたがって生きるのが
素晴らしいのだ（渋沢栄一）

◉人生で本当に重要な瞬間は
手遅れになるまで
わからない（アガサ・クリスティ）

◉最善の技術には
努力次第で誰でも達し得る
それ以上の勝敗は
その人の性格　心術　覚悟
度胸に依ることが多いだろう
（菊池 寛）

◉死してなお　親は子を育てる
また　親なればこそ
亡き子に育てられる（作者不明）

◉花壇は　住みあきたりと
這いのびて　人にふまるる
朝顔の花（甲斐和里子）

◉いじけるな
あるがままに　おのれの道を
素直に一途に歩け（坂村真民）

◉悟りということは
いかなる場合にも
平気で死ぬことではなく
いかなる場合にも
平気で生きていることである
（正岡子規）

◉闇路をたどること
いよいよ深くして
我等を照らしたもうところの光
いよいよ強し（金子大栄）

◉み仏の
光のうちに住む身ぞと
思えばうれし
つらき浮世も（作者不明）

◉月の出を待て
散る花を追うな（作者不明）

◉嵐に耐える
それが人生（作者不明）

◉利害・損得だけで　働いて
いたのでは　働く真の喜びは
味わえない（作者不明）

◉死んでから
浄土に往くのではない
往生ということも　お助けも
この現在である（曽我量深）

◉進まざる者は
必ず退き
退かざる者は
必ず進む（福沢諭吉）

◉親は子供に対して
三つのことをしっかり
やってあげる事が
必要かなと思ってます
見つめること　信じること
躾けること（林修）

◉ゆっくり人生を楽しもう
スピードが早すぎると
景色を見落とすだけでなく
目的地やそこを目指す
理由さえ分からなくなる
（エディ・カンター）

◉恩は返せるものではない
ただ謝するのみである（作者不明）

◉人生は短い
怠けてよい日は　一日も
あたえられていない（作者不明）

◉発明を妨げる最大の障害は
無知ではなく
知っているという錯覚である
（ダニエル・J・ブーアスティン）

◉スポーツに勝者はあっても
戦争に勝者はない（作者不明）

◉生ある者はすべて苦をおそれる
生ある者はすべて死をおそれる
生きとし生ける
すべての存在の中に汝自身の
宿りすむことを知れ（トルストイ）

◉現代に　そして自己の心の中に
地獄を見ないものより
地獄を見る心の方が　はるかに
真の浄土に近い（千輪慧）

◉偉い人間にはなれなくとも
善い人間にはなれる（中野重治）

◉すでに生きてしまった
一つの人生は下書きで
もう一つのほうが
清書だったらねぇ（チェーホフ）

◉生きることの難しさ
生きることのありがたさ
生きるということの
不思議さよ（木村無相）

◉100人に食べ物を
与えることができなくても
1人なら出来るでしょ？
（マザー・テレサ）

◉人を信じよ　しかし
その百倍も自らを信じよ
時によっては
信じきっていた人々に
裏切られる事もある
そんな時
自分自身が強い盾であり
味方であることが
絶望を克服できる
唯一の道なのだ（手塚治虫）

◉幼な子に　合わせてみせる
この両手（宮下長太郎）

◉不平の嵐に花は散り
感謝の大地に実がみのる（作者不明）

◉褒め言葉よりも
苦言に感謝（松岡修造）

◉幸福になる本当の秘訣
それは 現代に生きること
いつまでも 過去のことを
悔やんだり
未来を思いわずらったりして
いないで 今この瞬間から
最大限度の喜びをさがすこと
（ジーン・ウエブスター）

◉方向がなければ
行為もないし
生活もない（トルストイ）

◉昨日という日はすでに去り
明日という日はまだ来ませんが
今日一日を
どう生きるかという内には
昨日をいかに過ごし
明日をいかに生きるかが
含まれている（寺川幽芳）

◉正しく深く　求めよ
道はおのずから開ける（作者不明）

◉人の仕合わせを
本心からよろこべる人は
ほとけさまだなあ
人の仕合わせを本心では
よろこべない
私があるから（相田みつを）

◉往生は自然《じねん》の道理に適わせて
くださること
なむあみだぶつ（浅原才市）

◉一生は　それがどんなもので
あるかを知らないうちに
半分すぎさってしまう（作者不明）

◉実道を知らないで
百年　生きるよりも
それを知って
一日　生きる方がよい（釈尊）

◉玉磨かずんば器を成さず
人学ばずんば道を知らず（礼記）

◉人生　万事　小児の戯れ（福沢諭吉）

◉好きに生きたらいいんだよ
だって　君の人生なんだから
（ジョン・レノン）

◉わたしゃ極楽ただもろて
臨終済んで待つばかり
ご恩うれしや
なむあみだぶつ（浅原才市）

◉反省することは反省する
でも一度寝たら忘れる（古田敦也）

◉経験を積んだ人は
物事がこうであるという事を
知っているが
なぜそうであるかということを
知らない（マルティン・ハイデッガー）

◉まことの　喜びは
人にわかちあって
かえって　深まる（作者不明）

◉信じるところに現実は
あるのであって
現実は決して人を
信じさせる事が出来ない（太宰治）

◉向こうが憎むから
こちらが憎むでは
両方　たすからない（作者不明）

◉生きることの最大の障害は
期待することである
それは　明日を願うあまり
今日を失うことである
（ルキウス・アンナエウス・セネカ）

◉何も出来ない日や時には
後になって
楽しめないようなものを
作ろうとするより
ぶらぶらして過ごしたり
寝て過ごす方がいい（ゲーテ）

◉心の田畑さえ開墾ができれば
世間の荒地を開くこと
難しからず（二宮尊徳）

◉私は勝ち続けることで
成長したんじゃなく
負けて強くなってきたんです
（吉田沙保里）

◉愛とは　育てなくてはいけない
花のようなもの（ジョン・レノン）

◉幸福とは　幸福を
問題にしない時をいう（芥川龍之介）

◉ほほえむ花あり　舞う蝶あり
ざえずる鳥あり　すだく虫あり
ささやく風あり　語る雨あり
おお何たる恩恵ぞ（作者不明）

◉楽しみは無上なり
無上が涅槃《ねはん》なり　さとりなり
なむあみだぶつ（浅原才市）

◉忘却は　よりよき
前進を生む（ニーチェ）

◉今日でも明日でもよいと
いうことは一つもない
今すぐせよ（作者不明）

◉よい事をしようと思えば出来る
悪い事をすまいと思えば
やめられる　これを
思いあがりという（作者不明）

◉子と親は　同い歳（作者不明）

◉うらを見せ　おもてを見せて
散るもみじ（良寛）

◉人生の義務は
ただひとつしかない
それは幸福になることだ
（ヘルマン・ヘッセ）

◉順境なら「よし」
逆境なら「なおよし」
自分の環境　境遇を
前向きにとらえ
いかなるときでも
努力を重ね
懸命に働き続けることが
大切なのです（稲盛和夫）

◉他人と比較しない
世間と比較しないこと
比較すると這い上がれないので
挫折するので（樹木希林）

◉失敗するのではないかと
いう不安が失敗を招くのです
必ず成功すると思いなさい
そうすれば幸運は
あなたにほほえみます
（ジョセフ・マーフィー）

◉人間とは　いいわけをする
動物である（作者不明）

◉死について
思いわずらうには
およばないが
しかし　これを考慮に入れて
生きなければならない（トルストイ）

◉明日何が起こるか
わかってしまったら
明日まで生きる
楽しみがなくなってしまう
ことだろう（寺山修司）

◉「何者かであり続けている」
ことへの不安から
何者にもなれない人たちがいる
（エリック・ホッファー）

◉人間は
わが力で生きているのではなく
仏の大きな御慈悲の力で
生かされている（作者不明）

◉あなたがこの世で見たいと
願う変化に　あなた自身が
なりなさい（ガンジー）

◉「みんな」という言葉に
まどわされてはならない
「みんな」はどこにも
存在しないし
「みんな」は決してなにも
してくれない
（ヘンリー・デイヴィッド・ソロー）

◉ふたりの人間が
おなじ窓から　外をみている
ひとりは星を
ひとりは泥を（作者不明）

◉人生は
チョコレートの箱のようなもの
開けてみないと分からない
（フォレスト・ガンプより）

◉苦手なら
なおさらぶつかって
いかなくちゃ（野比のび太）

◉誰かの為に生きてこそ
人生には価値がある
（アインシュタイン）

◉過ちて改めざる
これを過ちという（論語より）

◉太陽は夜が明けるのを
待って昇るのではない
太陽が昇るから
夜が明けるのだ（東井義雄）

◉この世でいちばん遠い場所は
自分自身の心である（寺山修司）

◉親友は　角を曲がったら
見つかるようなものじゃない
（フォレスト・ガンプより）

◉幸福な人は
常に善良である（ドストエフスキー）

◉成功は　重要なことでない
重要なのは　努力だ（作者不明）

◉人生は
地球上で過ごした年数で
測られるのではない
どれだけ楽しんだか
で測られるのだ
（ヘンリー・デイヴィッド・ソロー）

◉自分の都合だけで
物事を考えると
不平不満が絶えない（作者不明）

◉生物の
最も大きな弱点の一つは
利己主義である（トインビー）

◉この世あの世と
申すは　人間の我見
ごらんなさい
この無辺の光の波を
境界線はどこにもない（榎本栄一）

◉金がないから何もできない
という人間は
金があってもなにも出来ない
人間である（小林一三）

◉ゆく河のながれは　たえずして
しかも　もとの水にあらず（鴨長明）

◉自然　必然　当然
三つのものの　合一する道を
歩く確かさ（武者小路実篤）

◉自己を
過大評価した瞬間から
思考の硬直が始まる（野村克也）

◉いかにいい仕事をしたかよりも
どれだけ　心を込めたかです
（マザー・テレサ）

◉われわれに歴史は無い
我々の歴史は
今ここからはじまる（伊藤博文）

◉僕らはみんな運命があるのか
それとも風に乗って彷徨って
いるだけなのか　たぶん両方
両方が同時に起こっているんだ
（フォレスト・ガンプより）

◉他力には
自力も他力もありません
一面他力
なむあみだぶつ（浅原才市）

◉天才とは　努力する凡才の
ことである（アインシュタイン）

◉死を抱え込まない人生に
どんな真剣さが
あるだろう（寺山修司）

◉現在は　過去の集積である
未来の人生は
今　積み重ねつつある（作者不明）

◉天は万物を生みて　所有せず
育ててこれを　支配せず（老子）

◉おなじようなことを
くりかえす日々であるが
この日から　私は
いろいろなことを
無尽蔵に学ぶ（榎本栄一）

◉この世に生きる喜びの一つは
人間の純粋な心に
ふれることである（武者小路実篤）

◉心の中に　いつも夜明けを持つ
常に朝の　気持ちでいる
（ヘンリー・デイヴィッド・ソロー）

◉正しく　明るく　力強く
生きてゆけるのが
救いである（作者不明）

◉生きて甲斐あり
死して　悔いなき一日が
われらの生涯を
ゆたかにする（作者不明）

◉ちゃんと生きるっていう事は
何でもない事を
やるしかない（樹木希林）

◉吉凶は　人によりて
日によらず（吉田兼好）

◉あなたが出会う　最悪の敵は
いつもあなた自身で
あるだろう（ニーチェ）

◉昨日は去りました
明日はまだ来ていません
わたしたちにはただ
今日があるのみ　さあ
始めましょう（マザー・テレサ）

◉みほとけは　まなこをとじて
み名よべば　さやかにいます
わがまえに（仲野良一）

◉面倒くさいことを回避しては
絶対に生きてゆけないの
頑張って面倒くさいことを
（マツコ・デラックス）

◉利害・損得だけで働いて
いたのでは　働く真の喜びは
味わえない（作者不明）

◉神が手を差し伸べたくなる
ぐらいにまでがんばれ（稲盛和夫）

◉凡夫は仏の里なり
仏は凡夫の里なり
なむあみだぶつ（浅原才市）

◉僕たちがすむこの地球も
宇宙の中では
ほんの小さな点にすぎない
（ヘンリー・デイヴィッド・ソロー）

◉不安な心には
茂みが熊に 見えてしまうのです
（ウィリアム・シェイクスピア）

◉問題のないような
人生は 寂しい（作者不明）

◉平和への道はない
平和こそが道なのだ（ガンジー）

◉自分の道を進む人は
誰でも英雄です（ヘルマン・ヘッセ）

◉自分に今ないものを
カウントすると
どんどん不安が募るだけだよ
むしろ自分にある大切な物を
一つひとつ 数えてごらん
そうしたらおのずと不安なんて
なくなるよ（山際淳司）

◉失敗とは よりよい方法で
再挑戦する素晴らしい機会である
（ヘンリー・フォード）

◉辛い思いはすべてプラスになる
苦しかったこと
悲しかったことが
いつか必ず　花開く時が来る
辛いこと　悲しいことは
幸せになるための必要事項
花開き　実を結ぶときに
辞めてしまってはいけない
（美輪明宏）

◉何も咲かない　寒い日は
下へ下へと　根を伸ばせ
やがて　大きな花が咲く（高橋尚子）

◉書かれざる　お経が
私の日日をとり巻いており
南無と合掌していれば少しずつ
読めます　順逆の風が
ふいていいます（榎本栄一）

◉人生は使い方によっては
十分　長いものであり
十分　尊いものであり
十分　美しいものである（井上靖）

◉期待はあらゆる苦悩のもと
（ウイリアム・シェイクスピア）

◉過ぎ去ったことは　忘れろ
さういっても無理かも
しれぬが　しかし人間は
何か一つ　触れてはならぬ
深い傷を背負って
それでも　堪えて
そしらぬふりをして　生きて
いるのではないのか（太宰治）

◉やったことは　例え失敗しても
二十年後には笑い話にできる
しかし　やらなかったことは
二十年後には後悔するだけだ
（マーク・トウェイン）

◉死は　人生の一部
誰もが迎える　運命なの
（フォレスト・ガンプより）

◉人生は道路のようなものだ
一番の近道は
たいてい一番悪い道だ
（フランシス・ベーコン）

◉絶えずあなたを何者かに
変えようとする世界の中で
自分らしくあり続けること
それがもっとも素晴らしい
偉業である（ラルフ・ワルド・エマーソン）

◉私の存在そのものが
質問なのだ
その答えを知りたくて
生きてるんだ（寺山修司）

◉勤勉だけが取り柄なら
蟻と変わるところがない
なんのために
せっせと働くかが問題だ
（ヘンリー・デイヴィッド・ソロー）

◉前に進む時には
過去は後ろに置いていきなさい
（フォレスト・ガンプより）

◉毎日を生きよ
あなたの人生が
始まった時のように（ゲーテ）

◉悲観主義者は
風にうらみを言う
楽観主義者は
風が変わるのを待つ
現実主義者は　帆を動かす
（ウィリアム・アーサー・ウォード）

◉人は　運命を
避けようとしてとった道で
しばしば運命にであう
（ジャン・ド・ラ・フォンテーヌ）

◉夢中で日を過ごしておれば
いつかは　わかる時が来る
（坂本龍馬）

◉人生に命を賭けていないんだ
だから　とかく　ただの
傍観者になってしまう（岡本太郎）

◉絶盲目であることは
悲しいことです
けれど　目が見えるのに
見ようとしないのは
もっと悲しいことです
（ヘレン・ケラー）

◉人生とは今日一日一日の
ことである　確信を持って
人生だと言える唯一のものである
今日一日を　できるだけ
利用するのだ
何かに興味を持とう
自分を揺すって絶えず
目覚めていよう　趣味を育てよう
熱中の嵐を体じゅうに
吹き通らせよう
今日を　心ゆくまで味わって
生きるのだ（デール・カーネギー）

◉「できること」が増えるより
「楽しめること」が増えるのが
いい人生（斎藤茂太）

◉すべてを
今すぐに知ろうとは無理なこと
雪が解ければ見えてくる（ゲーテ）

◉成功は　誕生日みたいなもの
待ちに待った誕生日がきても
自分は　なにも
変わらないでしょ
（オードリー・ヘップバーン）

◉人生は
生きることが大事なのです
いつも好奇心を
持ち続けることです
どんな理由があっても決して
人生に背を向けてはいけません
（エレノア・ルーズベルト）

◉夢を深く見すぎると
いつかその夢に復讐されます
かと言って
夢を見ようとしない人は
いつも味気ない日を過ごさ
なければなりません（寺山修司）

◉人生とは
その時々に　自然に変化し
移りゆくものだ
変化に抵抗してはならない
それは悲しみを
招くだけである（老子）

◉偏見を持つな
相手が幕臣であろうと
乞食であろうと
教えを受けるべき人間なら
俺は受けるわい（坂本龍馬）

◉長生きをしていると
過去は　がらくたの詰まった
屋根裏みたいになる
探しものをしに　屋根裏へ
行ってごらんなさい
なんでもあるけど
探してるものだけは
見つからないでしょう
（クララ・ルイーズ・ケロッグ）

◉あなたは　苦しんだ分だけ
愛の深い人に育って
いるのですよ（瀬戸内寂聴）

◉苦しい時でも
とにかく笑っていろ
笑える余裕　ゆとりがないと
判断を間違える（藤森正路）

◉自分の心は
自分でめんどう見なきゃ
かわりなんか誰もつとめちゃ
くれないよ（ジョン・レノン）

◉合掌ほど　誰でも　何時でも
何処でも　できる
平凡な善行はない（作者不明）

◉感謝は人生の
豊かさの　鍵を開ける
私たちが持っているものを
充分以上の　ものにする
否定を　受容に変え
混沌を　秩序に
漠然を　明瞭へと変える
感謝は過去を
意味あるものとし
今日に平和をもたらし
明日のための　展望を創る
（メロディ・ビーティ）

◉自分の夢に向かって確信を
抱いて前進し思い描いた人生を
生きるように努力するならば
普通では考えられないような
成功を手にする
（ヘンリー・デイヴィッド・ソロー）

◉人生は楽ではない
そこが面白い（武者小路実篤）

◉人生　やりなおしはきかない
しかし見なおしはできる（作者不明）

◉どんなに好きでも
最後は別れるんです
どちらかが先に死にます
人に逢うということは
必ず別れるということです
別れるために逢うんです
だから逢った人が
大切なのです（瀬戸内寂聴）

◉卑怯者ってのはね　きみが何を
したかってことじゃなく
きみが何を　後悔してるかって
ことで決まるんだよ（寺山修司）

◉大切なのは　自分が
望んだように生きること
そして　それを続けること
お金があっても
不幸な人生をおくるより
ずっと満足できるはず
（マージョリー・キナン・ローリングス）

◉大きな山に登ってみると
人はただ　さらに登るべき
たくさんの山があることを
見出す（ネルソン・マンデラ）

◉過去から学び今日のために生き
未来に対して希望をもつ
大切なことは何も疑問を
持たない状態に陥らない
ことである（アインシュタイン）

◉他人の幸福を
うらやんではいけない
なぜなら　あなたは
彼の密かな悲しみを
知らないのだから（ダンデミス）

◉仏法を聞くとは
ありがたい話を聞くのでなく
ありがたい事実に
めざめること（佐々木蓮麿）

◉問題は　死んだら
どうなるかではなく
今　どのように
生きるのかである（尺一《さかくに》顕正《けんしょう》）

◉りっぱすぎる決心は
きっと三日坊主になるから
（ドラえもん）

◉五大に　皆な響きあり
十界に　言語を具《ぐ》す
六塵　悉《ことごと》く文字なり
法身は　これ実相なり（空海）

◉拝まない者も　おがまれている
拝まないときも
おがまれている（東井義雄）

◉寒かった年の春には
樹木はよく茂る
人は逆境にきたえられて
はじめて成功する（作者不明）

◉強い者が勝つのではない
勝った者が強いのだ
（フランツ・ベッケンバウアー）

◉死は　いつか来る者ではなく
いつでも来るものなの（樹木希林）

◉浄土教に於ては　浄土は魂の
帰依所である（金子大栄）

◉喜んでおこない
そしておこなったことを
喜べる人は幸福である（ゲーテ）

◉去りゆく一切は
歴史に過ぎないが
やがて起こるべき出来事は
歴史などではありえない（寺山修司）

◉死は生に属する
生誕がそうであるように
歩みは足を上げることにある
足を下げることでもあるように
（タゴール）

◉灯台もとくらしと申せども
南無阿弥陀仏の　御ひかり
わが身の闇の隅ずみまで（榎本栄一）

◉君自身であれ！
そうすれば世界は
豊かで美しい！（ヘルマン・ヘッセ）

◉名残惜し
煩悩は　臨終まで頼もしや
信心は　未来まで浄土で楽しむ
なむあみだぶつ（浅原才市）

◉南無阿弥陀仏があれば
本当に死ぬことが出来る
また本当に生きることが出来る（曽我量深）

◉真剣に考えても
深刻になるな！（松岡修造）

◉「あんなん親じゃねえよ」とは
親を捨てた言葉ではない
むしろ真実を求める
子の歎きである（作者不明）

◉自己に閉じ込められ
自己にこだわっている間は
世界を真に見ることができない（道元）

◉信心あるものは　道をききて
心　常に安泰なり（作者不明）

◉理解できない相手を
常識はずれと思うのは
自分が愚かだからだ
（ヘンリー・デイヴィッド・ソロー）

◉眠れない人に夜は長く
疲れた人に一里の道は遠い（法句経）

◉浄土は　人間的な心の願いの
無限の彼方に
存在しているのである（千輪慧）

◉真理を語ることばには
常に装飾がない
そして単純である（マルセリン）

◉死と同じように
避けられないものがある
それは生きることだ
（チャールズ・チャップリン）

◉み仏は　いつも やわらかに
わたしのこころをみつめている
いらいらするわたしを（小野清一郎）

◉雪の結晶がどうしてできるかは
科学の領域である
だが その雪が どうして私に
ふりそそいできたかは
科学ではわからない（中谷宇吉郎）

◉愛されていると感じながら
この世に生を受け
同じように感じながら
この世を去るならば
その間に起きることは
乗り越えていけるものである
（マイケル・ジャクソン）

◉功成り名とげて
身退くは天の道（伊能忠敬）

◉自分に必要な生活を求める
僕には僕の価値がある
（ヘンリー・デイヴィッド・ソロー）

◉努力ってのは
宝くじみたいなものだよ
買っても当たるかどうかは
わからないけど
買わなきゃ　当たらない（北野武）

◉失敗とは
成功する前に止めること
成功するまで続ければ
必ず成功する（松下幸之助）

◉のんびり行こうよ　人生は
（野比のび太）

◉年をとることはよろこびである
去年わからなかったことが
今年はわかるからだ（作者不明）

◉怨みは怨みで静まらない
自分が怨みを捨ててこそ
静まる（法句経）

◉苦しみも 悲しみも
自分の荷は 自分で背負って
歩きゆかせてもらう
私の人生だから（東井義雄）

◉私たちはこの人生にたいして
不満を表明するどんな権利も
もっていない（トルストイ）

◉あのときの あの苦しみも
あのときの あの悲しみも
みんな肥料になったんだなぁ
自分が自分になるための（相田みつを）

◉一切の有情はみなもつて
世世生生の
父母兄弟なり（親鸞聖人）

◉疑いとは
不安になるとダメと思い
喜ばれてくると
これで良いと思う（作者不明）

◉世の中は君の考えているよりは
ずっと光に満ちたものだ
（チェスタートン）

◉僕たちが住むこの地球も
宇宙のほんの小さな
点に過ぎない
（ヘンリー・デイヴィッド・ソロー）

◉名号《みょうごう》さまは不思議なお慈悲
虚空から
空気で知らせる
なむあみだぶつ（浅原才市）

◉薔薇は　ただ咲くべくして
咲いている
薔薇は自分自身を 気にしない
人が見ているかどうかも
気にしない（シレジウス）

◉孤独な者よ
君は創造者の道を行く（ニーチェ）

◉花のことは花に問え
紫雲のことは紫雲に問え（一遍）

◉悪とは何か？
弱さから生じる
すべてのものである（ニーチェ）

◉他力のたのみは子が親の背を
頼みとし　親の力をわが力と
するなり（七里恒順）

◉生きてるからこそ　できる
ことがあるはず（作者不明）

◉挫折を経験したことが
無い者は　何も新しい事に
挑戦したことが
無いということだ（アインシュタイン）

◉生活とは生命の活用である
生命の生きがいを
見出すことである（作者不明）

◉考えのない学びは
無駄である
学ばずに考えてばかりいては
危険である（孔子）

◉我々が出来ることは
今を生きることだけだ
過去には戻れないし
未来があるかどうかも
定かではない（宮沢 賢治）

◉まず過去を捨て
それから前へ進みなさい
（ウィンストン・グルーム）

◉「これは私のもの」と思える
ものも　死によって失われる
賢い者はその理を知りつくして
己の執着を去るのである（作者不明）

◉自分ばかりが
もうけようとするから
損をする（作者不明）

◉あたかも粗く葺いた家には
雨が漏るように
修養のない心には
貪欲が侵入する（法句経）

◉そむきつづける　我をしも
あわれみやまぬ　瞳あり
造悪　われにたまわりし
念仏のみぞ　まことなる（米沢英雄）

◉自然に生き
自分の気持ちをほんとうに
伸ばしてゆこうとすれば
まず　いたるところで残酷に
壁に突きあたる　(岡本太郎)

◉ぽかんと花を眺めながら
人間も　本当によいところ
があると思った
花の美しさを見つけたのは
人間だし　花を愛するのも
人間だもの　(太宰治)

◉元気を出しなさい
今日の失敗ではなく
明日訪れるかもしれない
成功について考えるのです
(ヘレンケラー)

◉やったことがほんのわずかだもの
やり残したこと
ばっかりでしょう　きっと
一人の人間が生まれてから
死ぬまでの間
本当にたわいもない人生だから
大仰には　考えない　(樹木希林)

◉人間の感情で最も無益な
感情を二つ挙げれば
済んでしまったことへの
自責の念と　これから行う
ことへの不安である
（ウェイン・ダイアー）

◉バカな奴は単純なことを
複雑に考える
普通の奴は複雑なことを
複雑に考える
賢い奴は複雑なことを
単純に考える（稲盛和夫）

◉人間って
自分がいかに下らない人間か
ということを思い知ることで
スーッと楽にもなれるんじゃ
ないかな（タモリ）

◉地球を優しく　扱いなさい
（ダライ・ラマ十四世）

◉我々にとって最大の栄光は
一度も失敗しなかったこと
ではなく　倒れるごとに必ず
起き上がったことである
（ゴールドスミス）

◉学べば学ぶほど
自分がどれだけ
無知であるか思い知らされる
自分の無知に
気づけば　気づくほど
より一層　学びたくなる
（アインシュタイン）

◉はかなさがなければ
美しいものはない
美と死　歓喜と無常とは
互いに求め合い
制約し合っている
（ヘルマン・ヘッセ）

◉あるがままにて
満足するもの
万歳（武者小路実篤）

◉振り向くな　振り向くな
後には　夢がない（寺山修司）

◉牛はのろのろと歩く
どこまでも歩く
自然に身を任して
遅れても　先になっても
自分の道を自分で行く（高村光太郎）

◉ひとりで考え
ひとりで　素晴らしい作品を
生み出す人なんて
そんなに　いやしないよ
天才には必ず
その天分を引き出す人間がいて
そいつのほうが　もっとずっと
天才だったりするんだ（赤塚不二夫）

◉人生は　キミ自身が決意し
貫くしかないんだよ（岡本太郎）

◉宇宙は　絶えず
われらによって変化する
誰が誰より　どうだとか
誰の仕事が　どうしたとか
そんなことを言つてゐる
ひまがあるか（宮沢賢治）

◉ご恩おもえば　みなご恩
この才市もご恩で　できました
なむあみだぶつ
なむあみだぶつ（浅原才市）

◉無駄を　おそれてはいけないし
無駄を　軽蔑してはいけない
何が無駄で何が無駄でないかは
わからないんだ（開高健）

◉自分には出来ない
など考えていたら
どんなことだろうと
達成することはないでしょう
自分には出来ないという
考えこそが　自分を失敗へ
導いてしまうのです
（ダライ・ラマ十四世）

◉いまだに何かをわかった
わけでもなく
ただ迷いつつ　手探りで
やり続けております（タモリ）

◉逃げない　はればれと立ち向かう
それがぼくのモットーだ（岡本太郎）

◉生かされているのですから
素直に有り難いと思いましょう
生きている値打があるから
生かされているのですもの
（瀬戸内寂聴）

◉自分の夢を
子どもに語ってこなかった親や
子どもの悩みや喜びに
耳を傾けなかった親は、
家族の一員ではなく
見知らぬ他人も同然です
（アウグスト・クリ）

◉ひとたび信心いただけば
どうでこうでの　疑いないぞ
それから慚《ざん》愧《き》と日を暮らす
ご恩うれしや
なむあみだぶつ（浅原才市）

◉仕事が深ければ　深いほど
いい仕事で　あればあるほど
人の心に満足と
豊かさを与える（灰谷健次郎）

◉どうしても駄目だと気付いたら
それまでを捨てて
やり直すまでです
振り出しに戻っても
ゲームオーバーではありません
前と違うルールで
またゴールを
目指せばいいのです（荒木源）

◉今は「ないもの」について
考えるときではない
「今あるもの」で
何ができるかを
考えるときである
（アーネスト・ヘミングウェイ）

◉今日すべきことは
明日に延ばさず
確かにしていくことこそ
よい一日を生きる道である（釈尊）

◉叱られた恩を忘れず墓まいり
（作者不明）

◉手なれたものには飛躍がない
常に猛烈なシロウトとして
危険をおかし
直感に賭けてこそ
ひらめきが
生まれるのだ（岡本太郎）

◉詣ろう　詣ろう
お寺に詣ろう
お寺詣りは　娑婆の極楽
信心　安心　弥陀の極楽
なむあみだぶつ（浅原才市）

◉誰一人知る人もない
人ごみの中をかき分けて
いくときほど　強く孤独を
感じるときはない（ゲーテ）

◉善をなすのを　急ぎなさい
善をなすのに
のろのろしていたら
心は悪を
楽しむようになります（釈尊）

◉腐るな　必ず　誰かが
見てくれている（野村克則）

◉僕らの人生は
僕らのアートなのさ（ジョン・レノン）

◉百万の大群　恐るるに足らず
恐るるべきは　我ら弱き民
一人ひとりの心なり（高杉晋作）

◉苦労して得たことは
身について離れない（作者不明）

◉二度と来ない今日という日を
百日のように生きたい（星野富弘）

◉人生には　二つの道しかない
一つは
奇跡などまったく存在しない
かのように生きること
もう一つは
すべてが奇跡であるかのように
生きることだ（アインシュタイン）

◉生きるということは
死ぬ日まで自分の可能性を
あきらめず　与えられた才能や
日々の仕事に　努力しつづける
ことです（瀬戸内寂聴）

◉この不思議な　いのち
それを今生きさして
もらっている（東井義雄）

◉頭のいいヤツは
わかりやすく話す
頭の悪いヤツほど
難しく話すんだよ（赤塚不二夫）

◉「これをやりに
おれは生まれてきた」
と思えることだけを
考えていればよい
（アーネスト・ヘミングウェイ）

◉人生における
最も大事な問いかけは
「自分は他人のために
何をしているか」(キング牧師)

◉最大の名誉は
決して倒れない事ではない
倒れるたびに
起き上がる事である(釈尊)

◉生きる　その実体は
瞬間にしかない(岡本太郎)

◉他人の何千もの
欠点に目をつけるより
自分の唯一の欠点に気付くほうが
よほど役に立ちます
自分の欠点なら
わたしたちは自信をもって
修正できる立場に
あるのですから(ダライ・ラマ十四世)

◉すべての不幸は
幸福への踏み石に過ぎない
(ヘンリー・デイヴィッド・ソロー)

◉僕の前に道はない
僕の後ろに道はできる（高村光太郎）

◉水が一滴ずつでも
滴り落ちるならば
水瓶でも満たすことが
出来るのである（釈尊）

◉「いつか」なんて 絶対ない
いつかあるものなら
今　絶対あるんだ
今ないものは
将来にも絶対にない（岡本太郎）

◉戦いにおいて　一人が千人に
打ち勝つこともある
しかし自己に打ち勝つ者こそ
最も偉大な勝利者である（釈尊）

◉やってみせ　言って
聞かせて　させてみせ
ほめてやらねば 人は動かじ
話し合い　耳を傾け　承認し
任せてやらねば 人は育たず
やっている姿を 感謝で
見守って　信頼せねば
人は実らず（山本五十六）

◉欲望は
海水を飲むことに似ています
飲めば飲むだけ喉が渇くのです
（ダライ・ラマ十四世）

◉人として生まれたからには
太平洋のようにでっかい
夢を持つべきだ（坂本龍馬）

◉忍耐は苦い
しかし　その実は　甘い（野口英世）

◉志　高く（孫 正義）

◉みんな自分の能力を
疑いすぎるのです
自分で自分を疑っていては
最善を尽くすことなんて
できないんです
自分が信じなかったとしたら
誰が信じてくれるのでしょう
（マイケル・ジャクソン）

◉理性は独りで歩いてくる
偏見は群れで走ってくる
（ジャン・ジャック・ルソー）

◉恩恵に感謝するものは
恩恵から　より以上のものを
引き出す（パブリアス・シラス）

◉重いものをみんなすてると
風のように歩けそうです
（高村光太郎）

◉一本の野の花さえ
かけがえのないいのちの
ありったけを咲かせている
（念仏春秋より）

◉生きてるだけで丸もうけ
（明石家さんま）

◉お釈迦様のすごいところは
生きていることは苦しいことだと
発見してくれたことです
「人生が苦しいのは当たり前
なんだ」と思うことで
幸せの捉え方はうんと変わって
くる気がしますね
だから　何か苦しいことがあっても
諦めないこと　生きることを諦めずに
いられたら　それが一番幸せなんだ
と思います　自分を諦めてしまう
ところから不幸せは
始まるんですから（さだまさし）

◉長い階段をのぼる時、
その階段の全てが
見えてなくても良いのです。
大事なのは目の前にある一段を
のぼることです（キング牧師）

◉志を立てるためには
人と異なることを
恐れてはならない（吉田松陰）

◉一日一日が
新しい彩りをもって
息づいている（岡本太郎）

◉さよならだけが人生
ならば　またくる春はなんだろう
（寺山修司）

◉花　無心にして　蝶を招き
蝶　無心にして花を訪れる（良寛）

◉他人の過失を
見る必要はありません
他人のした事と
しなかった事を見るのではなく
自分がした事と
しなかった事だけを
見るようにしなさい（釈尊）

◉人間はみな
だれも通ったことのない
自分が　はじめて通る道を
一生かかってあるく（榎本栄一）

◉壁は
自分自身だ（岡本太郎）

◉あなたが人生に
苦しんでいるとすれば
それは煩悩に
囚われているからです
（アーチャン・チャー）

◉報われるというようなことは
その人の持つ運であって
世の中には立派な仕事をして
報われない人は
たくさんいるはずである
人間の生き方というものは
おそらく　そうしたこととは
全く関係ないことであろう（井上靖）

◉心の中に
夢をしまっておく場所を
いつも空けておきなさい
（キング牧師）

◉感謝しなさいと
人から言われても
感謝できるものではない
自然に 自発的に
様々なものに
感謝できた時が脱皮であり
人格者となるのである（作者不明）

◉もう一歩
いかなる時も 自分は思う
もう一歩
今が一番大事なときだ
もう一歩（武者小路実篤）

◉人々が自殺しない 本当の理由
それは この地獄さえ
切り抜ければ
人生はいかに素晴らしいもので
あるかというのを
本当は知っているからである
（アーネスト・ヘミングウェイ）

◉真の友情は 蛍光のようなもの
すべてが闇に包まれるとき
より一層と輝く（タゴール）

◉死ぬまで
進歩するつもりで
やればいいではないか
作に対したら一生懸命に
自分のあらんかぎりの力を
つくしてやればいいではないか
後悔は結構だが
これは自己の芸術的良心
に対しての話で
世間の批評家やなにかに対して
後悔する必要はあるまい（夏目漱石）

◉運命というのは変えていくもの
創造していくものだ
今日　ただ今より
新しい人生を生きよ（雲谷禅師）

◉自分の進む道は一つ
それも自分で選んだ道ならば
その道を貫く覚悟が必要です
（中西玄禮）

◉人生なんて
あくまでその人の人生であって
客観的な価値観なんていうものは
あり得ないんだ（今東光）

◉何事もやってみないことには
次のステップの景色が見えません
挑戦して「これは無理だ」と
わかっただけでも
プラスだといえる（桂文枝 六代目）

◉結局のところ　悟るとは
決心することだよ（高田好胤）

◉運命を呪わないこと
決してくじけないこと
苦しみも悲しみも
すべて受け止めること（浅田宗一郎）

◉迷いだの悟りだの
ということは知らん
ましてや名声だの
利欲などは問題ではない
すでに夜となり
雨が降っているが
私はこうして
二本の脚をゆったり伸ばして
満ち足りている（良寛）

◉為すべきことであるならば
それを為すべきである
それを断乎として 実行せよ（釈尊）

◉生まれ　生まれ　生まれ
生まれるが
その生というものの始まりは
よくわからん
死に　死に　死に　死んで
その死の終わりというのも
よくわからん（空海）

◉桜がひとつ
花をつけただけで
寒くて厳しい冬を乗り越えた
人間の心が
明るくなる（祖父江省念）

◉何事も一心不乱にやれば
宇宙の真理を体で感じとる
ことができる（道元）

◉生きていれば
苦労があるのはあたりまえ
そんなときこそ
心を使わなくちゃ
自分を救うのは
自分でしかないんです（戸澤宗充）

◉のんきと見える人々も
心の底をたたいてみると
どこか悲しい音がする（夏目漱石）

◉やっぱり近道はないよ
真ん中の王道が
近道なんだよ（タモリ）

◉雨が降って初めて
虹が出るように
不幸せという言葉があって
初めて幸せというものが
見えてくる
幸せっていうのは
あるようでないし
ないようで
あるものなんです（さだまさし）

◉「豊か」とは個々の
心の中にあるものであって
「これが豊かである」という
決まった形などないのです（有馬頼底）

◉老いも若いもない
善も悪もなく 弱いも強いもない
この世に絶対的な 実在など
存在しません（アーチャン・チャー）

◉良心は ただただ
常に沈黙という
形で語る（マルティン・ハイデッガー）

◉われわれは勝負師ではない
負けても何が原因で
負けたのかを追求することに
意義がある（本田宗一郎）

◉創造は過去と現在とを
材料としながら
新しい未来を発明する
能力です（与謝野晶子）

◉とにかく　新しい毎日なんだ
（アーネスト・ヘミングウェイ）

◉俺は　絶対落ち込まないのよ
落ち込む人っていうのは
自分のこと
過大評価しすぎやねん
過大評価しているから
うまくいかなくて
落ち込むのよ（明石家さんま）

◉愛は　憎しみより高く
理解は　怒りより高く
平和は　戦争より気高い
（ヘルマン・ヘッセ）

◉あなたが今まく種は　やがて
あなたの未来となって現れる
（夏目漱石）

◉やたらと忙しいのは
どんなものでしょう
「忙」という字は「心が亡びる」
と書きます（高田好胤）

◉むしろ「成功は失敗のもと」と
逆に言いたい　その方が
この人生の面白さを正確に
言いあてている（岡本太郎）

◉悩んだり　迷ったりしたときは
時期をまち状況を観る
そして外の声を
聴いていきましょう
そして　行動するときだ
と感じたときに　迷わず動く
この繰り返しです（川村妙慶）

◉人間は　元々
そんなに賢くありません
勉強して　修行して　やっと
まともになるのです（瀬戸内寂聴）

◉人の悪きことは
よくよく見ゆるなり
我が身の悪きことは
覚えざるものなり（蓮如上人）

◉ありがたや
死んでまいる
浄土じゃないよ
生きてまいる　お浄土さまよ
なむあみだぶに　つれられて
ごをんうれしや
なむあみだぶつ（浅原才市）

◉人生はいいことも　悪いことも
連れ立ってやってきます
不幸が続けば　不安になり
気が弱くなるのです
でも　そこで運命に負けず
勇気を出して　不運や不幸に
立ち向かってほしいのです
（瀬戸内寂聴）

◉怖れるということほど
怖れるべきものはない
（ヘンリー・デイヴィッド・ソロー）

◉真の運命とは
自ら立てるものである
それは自己に徹し
自己に赴かなければならない
（雲谷禅師）

◉喜びの声を発すれば
喜びの人となり
悲しみの声を発すれば
悲しみの人となる（内村鑑三）

◉道がある
たった一つの 道がある
『極重悪人 唯称佛』（木村無相）

◉あいたがいに信心の沙汰あらば
これ即ち真宗繁盛の根元なり
（蓮如上人）

◉沈黙している者も非難され
多く語る者も非難され
少し語る者も非難される
つまり 世に非難されない者は
いないのである（釈尊）

名言者及び出典
――索引――

い

え

エ

サ

し

シ

す

ス

せ

主要参考文献及び参考メディア

『僧侶必携』永田文昌堂
『名言ナビ』meigennavi.net
『名言のウェブ石碑』sekihi.net
『地球の名言』earth-quote.org
『心に残る名言集・格言』meigen.keiziban-jp.com
『名言+Quotes』meigen-ijin.com
『名言の心癒しツアー』iyashitour.com
『マツコデラックス名言集』@matukomeigen
フリー百科事典『ウィキペディア（Wikipedia）』
『生きることば あなたへ』光文社文庫　瀬戸内寂聴 著
『歎異抄 仏教の人生観』金子大栄 著
『赤塚不二夫自叙伝 これでいいのだ』文春文庫
『東井義雄 詩集』探求社　東井義雄 著
『東井義雄の言葉』致知出版社　西村徹 著
『ガンディー 強く生きる言葉』ディスカバートゥエンティワン
『新修 草かご』百華苑出版　甲斐和里子 著
『こころの手足』春秋社　中村久子 著
『坂村真民一日一言』坂村 真民 著
『花言葉』美輪明宏 著
『氷壁』井上靖 著
『偉人たちの名言集』ゴマブックス

映画『フォレスト・ガンプ』
『たった2分で、決断できる』千田琢哉 著
『俳句への道』岩波文庫
『孤独の愉しみ方』ヘンリーデヴィッドソロー 著
『ウォルト・ディズニーの言葉 ～今、我々は夢がかなえられる世界に生きている～』ウォルト・ディズニー出版社
『アンネの日記』アンネ・フランク 著
『僕は馬鹿になった』ビートたけし 著
「ドラことば心に響くドラえもん名言集』小学館 小学館・藤子・F・不二雄プロ 著
『女優 森光子』集英社
『希望名人ゲーテと絶望名人カフカの対話』飛鳥新社 ゲーテ／カフカ 著
『山頭火句集』ちくま文庫
自選句集作品『草木塔』種田山頭火 著
『山頭火のぐうたら日記』種田山頭火 著
【名言集】芸術をめぐる言葉』美術出版社
『そうしたら掌に自由が残った』200の「生きるキーワード」幻冬舎文庫 さだまさし 著
『一切なりゆき 樹木希林のことば』文春新書 樹木 希林
『樹木希林120の遺言～死ぬときぐらい好きにさせてよ』（上製本）宝島社 樹木 希林 著
『一茶俳句集』岩波文庫 小林 一茶 丸山 一彦 著
『金子みすゞ名詩集』彩図社
『相田みつをザ・ベスト 日めくり文庫人間だもの』角川文庫
『妙好人・浅原才市の言葉カレンダー』方丈堂出版
『ブッダのことば― スッタニパータ ―カレンダー』方丈堂出版
『世界名言集』岩波文庫 編集部

Thousand Quotations
1000の言葉

令和二年十一月二十日　初版第一刷発行
編集・編者　方丈堂出版編集部　森下かほる
発　　行　光本　稔
株式会社方丈堂出版
〒六〇一-一四二二
京都市伏見区日野不動講町三八-二五
電話　〇七五-五七二-七五〇八
発　　売　株式会社オクターブ
〒六〇六-八一五六
京都市左京区一乗寺松原町三一-二
電話　〇七五-七〇八-七一六八
印刷・製本　株式会社三星社
〒六〇四-八二三一
京都市中京区小川通錦上元本能寺南町三七〇
電話　〇七五-二三二-一〇三六

ISBN 978-4-89231-218-2

URL:http://www.hojodo.com
URL:http://www.octave.co.jp